임동석중국사상100

이십사효

二十四孝

郭守正・高月槎 輯錄 / 林東錫 譯註

"상아, 물소 뿔, 진주, 옥. 진괴한 이런 물건들은 사람의 이목은 즐겁게 하지만 쓰임에는 적절하지 않다. 그런가 하면 금석이나 초목, 실, 삼베, 오곡, 육재는 쓰임에는 적절하나 이를 사용하면 닳아지고 취하면 고갈된다. 그렇다면 사람의 이목을 즐겁게 하면서 이를 사용하기에도 적절하며, 써도 닳지 아니하고 취하여도 고갈되지 않고, 똑똑한 자나 불초한 자라도 그를 통해 얻는 바가 각기 그 자신의 재능에 따라주고, 어진 사람이나 지혜로운 사람이나 그를 통해 보는 바가 각기 그 자신의 분수에 따라주어 무엇이든지 구하여 얻지 못할 것이 없는 것은 오직 책뿐이로다!"

《소동파전집》(34) 〈이씨산방장서기〉에서 구당(丘堂) 여원구(呂元九) 선생의 글씨

책머리에

　지금도 중국 각지를 여행하면서 혹 고택이나 고대 민간 건축물, 그 유명한 사합원四合院 등에 들러보면 건물 안 처마 밑 횡연목橫椽木에는 줄을 이어 이 《이십사효도》를 그림으로 그린 빛 바랜 고사화故事畫를 볼 수 있다. 그런가 하면 관광지 시장 구석 값싼 골동서화 진열대에는 낡고 찢어진, 나아가 먹물 흘려 번진 채 먼지를 뒤집어쓰고 처박혀 있는 민간 방본坊本, 혹은 석판본石版本의 이 책을 심심찮게 찾아볼 수 있다. 그 때마다 나는 과거 중국의 진솔한 삶과 지금과 다른 교육환경에서 머리 묶고 팽이를 치다가, 또는 연을 날리다가 할머니가 부르시면 얼른 쫓아가 이 책을 읽고 외웠을, 옛날 체발剃髮한 어린 동자童子들이 이 골목 뒤에서 달려가는 모습을 떠올리기도 하였다.

　"효도는 모든 행동의 근본"(孝者, 百行之本也)이라 하였으며 "천하에 형벌을 받을 일이 3천 가지이지만 불효보다 더 큰 죄는 없다"라 하였다. 부모가 없으면 내 몸이 있을 수 없고, 낳았다 하더라도 구로劬勞의 고생으로 길러주지 않았다면 사람 구실을 할 수 없을 것이다. 이에 지금도 어지간한 사람이라면 증자曾子의 《효경》 첫머리 구절 "身體髮膚는 受之父母니 不敢毀傷이 孝之始也며, 立身行道하고 揚名於後世하여 以顯父母가 孝之終也라" 하는 구절은 누구나 입에 외우고 있다. 그 때문에 《논어論語》 태백편泰伯篇에는 이러한 기록이 실려 있는 것이다.

　증자曾子가 병이 들자 문하의 제자들을 불러 이렇게 말하였다.
　"나의 발을 펴보아라. 나의 손을 펴보아라. 시詩에 '두려워하고 경계하기를 마치 깊은 못에 임한 듯이 하고, 살얼음 걷듯이 하라'라 하였다. 나는 이제야 이후로는 책임을 면하게 되었음을 알았노라! 제자들아!"

(曾子有疾, 召門弟子曰:「啓予足! 啓予手! 詩云, 『戰戰兢兢, 如臨深淵, 如履薄冰.』而今而後, 吾知免夫! 小子!」)

여기서 '발과 손을 살펴보도록 한 것'은 몸 어느곳도 조금도 훼상함이 없이 일생을 살아왔으니 저승에서 부모님을 만나더라도 마음 아프게 해 드리지 않을 것에 대한 안도감을 표현한 것이요, '책임을 면했다'는 것은 일생을 얼마나 다치지 않겠노라 조심해 살았으면 이제 그런 부담에서 벗어 났다고 도리어 죽음을 안심하는 것인가?

그런가 하면 《시경詩經》에는 "아버님 날 낳으시고 어머님 날 기르시니, 애닯도다 어버이시여, 나를 낳아 고생하시네. 깊은 은혜 보답코자 하나 하늘과 같이 끝이 없도다"(父兮生我, 母兮鞠我, 哀哀父母, 生我劬勞. 欲報深恩, 昊天 罔極)라고 읊고 있다. 《한시외전韓詩外傳》에는 "나무가 고요하고자 하나 바람이 멎지 아니하고, 자식이 어버이를 모시고자 하나 어버이가 기다려 주지 않는다"(樹欲靜而風不止, 子欲養而親不待)하였고, 우리가 익히 읽어온 《명심 보감明心寶鑑》에도 "집안이 화목하면 모든 일이 이루어지고 자녀가 효성 스러우면 어버이가 즐겁다"(家和萬事成, 子孝雙親樂)라 하였다.

이에 정사正史마다 「효의편孝義篇」이니 「효우전孝友傳」을 두어 그 시대의 효자를 기려 기록에 올렸으며, 제왕마다 효자 난 마을이면 정려문旌閭門을 세워 이풍역속移風易俗의 정치를 교화의 주안점으로 삼았던 것이다.

'효'는 이처럼 엄청난 책임이며 동시에 삶 그 자체요 역사의 주된 기록 대상인 것이다.

지금 '효'는 과연 사어死語이며 사전에나 올라 있는 서면어書面語에 불과한 것일까? 그러나 아무리 사회가 변해도 원천적 천륜과 윤상倫常은 변할 수 없다. 그 때문에 지금 우리 가슴에는 '효'라는 단어만 떠올려도 가슴이 메이며, 책임을 다하지 못한 죄책감에 숙연해지는 원형질의 원소는 가지고 있다. 이 원형질을 다시 찾아 이 시대에 맞게, 앞으로의 사회변화에 적응하는 유형을 마련해야 할 때이다. 효는 이제 개인적으로 무한 책임을 져야 할 그러한 덕목만은 아닌 듯 싶다.

여기에 실린 24가지 효도 고사는 중국, 아니 우리 동양의 오랜 역사를 두고 가슴에 원형질의 유전자를 심어준, 참으로 소박한 DNA요, 참으로 고마운 자질 요소들이다. 이 늙어 가는 나에게도 어린 시절 부모님께 다하지 못한 효에 대한 무거운 죄책감이 있음을 또다시 떠올리며 이제 이 책을 정리하여 우리도 한 번 읽어볼 수 있도록 문세問世한다.
아이들을 위해서가 아니라 이 시대 어른들을 위하여…….

사포莎浦 임동석林東錫이 부곽재負郭齋에서 적음.

일러두기

1. 이는 중국 민간에 전해 온 여러 판본의 《二十四孝》와 3종(任伯年, 陳少梅, 徐操)의 《二十四孝圖》(天津人民美術出版社, 2009)와 기타 여러 판본의 《이십사효도》를 바탕으로 하여 완역한 것이다.

2. 특히 淸代 고월사高月槎의 《二十四孝別錄》과 일부 판본에 더해져 있는 《逸錄》까지 완벽하게 싣고 역주를 가하여 가능한 한 이에 관한 산재된 기록을 한 곳에 모으고자 하였다. 이에 따라 본문은 크게 세 부분으로 나누어 구분하였다.

3. 각 출전의 정사正史는 물론 그 밖의 원전, 전재된 다른 기록 등을 일일이 찾아 대조, 교감하여 역주한 것이다.

4. 각 판본이나 책마다 글자의 오류, 탈락, 내용의 출입, 순서의 혼란 등이 심하여 이를 원만하게 합리적으로 바로잡아 정리하였으며 그 때마다 일일이 주석에 이를 밝혔다.

5. 제목을 해석하고 원문을 번역하였으며, 원문을 제시하고 주석을 가하였다.

6. 참고란을 마련하여 원전의 기사를 전재하고 아울러 그 외 관련 기록도 있는 대로 찾아 함께 기록하여 이해와 연구에 도움이 되도록 하였다.

7. 한편 서조徐操의 《이십사효도》에는 전통적인 24가지 효도고사 중 8곳이 다른 이야기로 교체되어 있어 이를 모두 싣고 역주하여 일록逸錄편을 마련하여 싣고 풀이하였다.

8. 그림자료는 이왕에 널리 알려진 淸 王素, 任頤(伯年), 陳雲彰(少梅), 徐操(燕孫)의 《二十四孝圖》와 上海大學出版社에서 펴낸 《二十四孝圖說》(2006)의 자료, 그리고 《新編二十四孝圖》(齊魯書社, 2007), 《二十四孝圖》(岳麓書社, 2009) 등의 그림 및 삽화를 활용한 것임을 밝힌다.

9. 이 책의 역주에 참고한 기본 문헌은 다음과 같다.

❀ 참고문헌

1. 《任伯年二十四孝圖》 天津人民美術出版社 2009 天津
2. 《陳少梅二十四孝圖》 天津人民美術出版社 2009 天津
3. 《徐燕孫二十四孝圖》 天津人民美術出版社 2009 天津
4. 《新編二十四孝圖》 駱承烈(撰) 李宏勛(繪) 齊魯書社 2007 山東 濟南
5. 《二十四孝書畫》 淸, 王素(繪畫) 許介川(書法) 福建美術出版社 2004 福州
6. 《二十四孝圖說》 李然·楊焄 上海大學出版社 2006 上海
7. 《二十四孝圖》 喩岳衡(主編) 喩函·湘子(譯註) 新版傳統蒙學叢書 岳麓書社 2006 長沙
8. 《二十四孝》 史瓊文 世一文化事業出版公司 2006 臺南 臺灣
9. 《二十四孝》 吳紹志(校譯) 祥一出版社 2003 臺南 臺灣
10. 《蒙求》 林東錫(譯註) 東西文化社 2010 서울
11. 《小學》 林東錫(譯註) 東西文化社 2010 서울
12. 《說苑》 林東錫(譯註) 東西文化社 2010 서울
13. 《新序》 林東錫(譯註) 東西文化社 2010 서울
14. 《列女傳》 林東錫(譯註) 東西文化社 2010 서울
15. 《韓詩外傳》 林東錫(譯註) 東西文化社 2010 서울
16. 《四書集註》 林東錫(譯註) 東西文化社 2010 서울
17. 《搜神記》 林東錫(譯註) 東西文化社 2010 서울
18. 《世說新語》 林東錫(譯註) 東西文化社 2010 서울
19. 《初學記》 唐, 徐堅(等) 鼎文書局 1976 臺北

20.《太平御覽》宋, 李昉(等) 中華書局(印本) 1995 北京

21.《八部蒙書》重慶出版社 2007 重慶

22.《中國傳統蒙學全書》李少林(主編) 中國書店 2007 北京

23.《三才圖會》明, 王圻・王思義(編) 上海古籍出版社 2005 上海

24.《晚笑堂畫傳》清, 上官周 中國書店(印本) 1984 北京

25. 기타《左傳》《國語》《藝文類聚》《太平廣記》《世說新語》《文選》《論衡》
　　《史記》《漢書》《後漢書》《三國志》《晉書》《南齊書》《唐書》《南史》
　　《宋史》《元史》《舊唐書》《新唐書》《明史》《北堂書鈔》등

해제

　우리 동양에서 최고의 인륜人倫에 관한 핵심 덕목을 거론하라면 누구나 주저없이 '충효忠孝'를 들 것이다. 그 중 '충'이 '나라'라는 조직이 이루어진 이후의 문제라면, '효'는 원천적으로 인간이 태어나면서 지니는 본초적 윤리이다. 충이 '의義'로 결합된 선택 사항이라면 효는 '혈血'로 맺어진 숙명의 고리이다.

　이 두 가지는 사람이 태어나 조직화된 가족, 사회, 국가라는 확장 범위에 살게 되면서 반드시 실천하고 수행해 내어야 하는 의무인 동시에 지극한 가치이다. 그리고 '충'은 국가의 존망과 함께 그 행위가 마무리되지만 '효'는 가족의 단계斷繼와 관계없이 영속성永續性을 지닌다.

　둘 중 중국에서 효에 관한 기록은 당연히 일찍부터 기록으로 남고, 민간 전설과 설화, 신화 등을 통해 끊임없이 전수되어 왔다. 유가儒家를 비롯한 제자백가諸子百家, 그리고 정사正史의 그 많은 기록은 결국 나라를 지키고 효도를 다한 이야기로 시작하여 이를 어떻게 수행하고 실천했는가의 내용으로 마무리된다고 해도 될 것이다.

　그러다가 구체적으로 중국은 육조六朝 시기에 이미 구체적으로 대량의 효도, 효감孝感 고사를 바탕으로 한 잡전雜傳이 출현하였다. 즉 우선 25사 정사 《진서晉書》에 처음으로 〈효우전孝友傳〉이 설정된 이후, 《구당서舊唐書》, 《신당서新唐書》, 《원사元史》 등에도 계속되었고, 이름을 달리한 〈효행전孝行傳〉으로는 《양서梁書》, 《진서陳書》, 《북사北史》가 있으며, 〈효감전孝感傳〉으로는 《위서魏書》, 그리고 〈효의전孝義傳〉으로는 《송서宋書》, 《남제서南齊書》, 《주서周書》, 《남사南史》, 《수서隋書》, 《송사宋史》, 《명사明史》 등이 전문적으로 이들을 수집 정리하여 싣고 있다. 그러나 같은 고사라 해도 여인의 행적일 경우 〈열녀전列女傳〉을 통해, 은일과 관련이 있을 경우, 〈은일전隱逸傳〉이나 〈독행전獨行傳〉, 〈탁행전卓行傳〉, 〈고일전高逸傳〉, 〈일사전逸士傳〉, 〈일민전逸民傳〉, 〈의아전義兒傳〉, 〈의절전義節傳〉, 〈성절전誠節傳〉, 또 문인 학자의 행적일 경우 〈문원전文苑傳〉, 〈문예전文藝傳〉, 〈문학전文學傳〉, 〈도학전道學傳〉, 〈유림전儒林傳〉 등을 통해 단편적으로나마 그 기록을 놓치지 않고 있다.

그 외에도 민간 전설과 종교 신화의 내용 중에 널리 퍼진 효행 고사로는 돈황변문敦煌變文의 〈고원감대사이십사효압좌문故圓鑑大師二十四孝押座文〉, 〈순자지효변문舜子至孝變文〉, 〈목련연기目連緣起〉, 〈대목건련명계구모변문大目乾連冥間救母變文〉 등이 있다.

그러나 구체적으로 효자들을 모아 정리한 책으로는 《孝子傳孝行錄》을 들 수 있다. 이는 편찬 시대는 알 수 없으나 대체로 당대唐代 이전 이미 있었던 것으로 보이며 일본으로 건너가 지금 그 판본이 전하고 있다. 내용이 《이십사효》와 거의 같거나 유사하여 《이십사효》는 이 책에 근원을 두고 있는 것이 아닌가 여기고 있다.

지금 전하는 이 《이십사효二十四孝》는 《이십사효고사二十四孝故事》라고도 하며 원元나라 때 곽수정郭守正, 居敬이라는 자가 집록한 것으로 알려진 동몽서童蒙書의 일종이다. 《복건통지福建通志》 등에 의하면 "撫虞舜而下二十四人孝行之槪, 繫以詩, 用訓童蒙"이라 하여 유가儒家 이념의 가장 높은 덕목인 효도를, 권장하고 선양하고자 상고시대부터 송대까지 역대 이래 24명의 효도 고사를 어린 아이에게 맞게 아주 쉬운 문장으로, 그리고 아주 적은 분량으로 아동들이 부담을 느끼지 않고 젖어들 수 있도록 꾸몄다고 하였다. 그러나 통속적 아동용 도서이니 만큼 곽수정에 대한 시적이나 편본의 유래와 변천 등에 대해서는 제대로 알려진 것이 없다.

내용은 아버지와 계모, 그리고 배다른 아우 등 불우한 환경 속에서도 굴하지 아니하고 효성을 다하자, 농사일에 코끼리와 새들이 나타나 힘든 일을 대신해 주었다는 순舜임금의 고사, 어머니의 탕약은 직접 맛을 본 다음에야 올렸다는 한나라 문제文帝, 어머니가 손가락을 깨물자 나무하러 갔던 증삼曾參이 가슴에 통증을 느껴 달려왔다는 효감孝感 고사, 계모의 갈대꽃을 솜처럼 넣은

日本 東京大 南蔡文庫에 소장된 古抄本 《孝行錄》. 《二十四孝》와 매우 흡사하다.

추운 옷을 입고도 효성을 다한 민자건閔子騫, 백 리 먼 길에 어버이를 위하여 쌀을 짊어지고 온 자로子路, 돈을 꾸어 아버지 장례를 치르고 직녀가 대신 비단을 짜주어 빚을 갚은 동영董永, 사슴 젖을 짜서 어버이를 봉양하려다가 사냥꾼에게 죽을 뻔한 담자郯子, 남의 고용살이를 하며 난리 속에 어머니를 봉양한 강혁江革, 어린 나이에 어머니께 드리고자 먹던 귤을 품에 숨긴 육적陸績, 이가 없는 시어머니에게 자신의 젖을 먹여 봉양한 당부인唐夫人, 여름날 모기가 부모님을 물까 걱정하여 자신이 벌거벗고 곁에 누워 모기를 쫓지 않은 오맹吳猛, 계모의 요구로 겨울 얼음 위에 옷을 벗고 눕자 잉어가 뛰어나왔다는 왕상王祥, 어머니 밥을 축낸다고 아들을 땅에 묻는데 거기에서 황금이 나왔다는 곽거郭巨, 아버지를 물고 가는 호랑이를 제압한 양향楊香, 생모를 찾겠다고 벼슬조차 버리고 50년 만에 모자상봉한 주수창朱壽昌, 병든 아버지의 병세를 확인하기 위해 변을 맛본 유검루庾黔婁, 일흔 나이에

색동옷을 입고 어버이를 즐겁게 해드린 노래자老萊子, 오디를 익은 것과 익지 않은 것을 구분하여 담은 채순蔡順, 여름에는 부채로, 겨울에는 자신의 체온으로 어버이 잠자리를 모신 황향黃香, 집 곁에 샘이 솟아 물과 잉어로 어머니를 모신 강시姜詩 부부, 우레소리를 무서워한 어머니를 위해 그 때마다 묘소를 지킨 왕부王裒, 어버이 모습을 나무로 조각하여 모신 정란丁蘭, 죽순을 구하고자 겨울에 대밭에서 울었던 맹종孟宗, 어머니 요강을 직접 씻어 올린 황정견黃庭堅 등 24가지이다. 이들 고사는 민간에 널리 알려진 것이며 유형별로 각기 상황에 따라 익히고 따를 수 있는 주옥같은 것들이다.

이처럼 간단하고 소박한 고사이지만 긴 역사를 두고 모르는 사람이 없을 정도이며, 나아가 활용도를 높이고자 이를 그림으로 그려 관각된 방본坊本들이 지방마다 출간되었다. 그리하여 흔히 이를 《이십사효도二十四孝圖》라고 한다. 물론 효행에 관한 그림은 이미 한대漢代 화상전畫像磚으로 이미 많은 자료로 남아 있다. 그리고 송원宋元 시기 이후로 대량의 《이십사효》의 내용을 조각彫刻, 화상전, 부조浮彫, 조소彫塑 등으로 표현하여 내용 전달은 물론 예술적 가치까지 가미하고 있다. 특히 송대 조맹견趙孟堅의 《이십사효서화합벽二十四孝書畫合璧》, 원대 왕극효王克孝의 《이십사효도二十四孝圖》 등으로 보아 이미 그림으로의 표현은 일반화되었던 것으로 보인다. 그 뒤로 특히 화가나 서예가들이 직접 나서서 《이십사효도시二十四孝圖詩》(李錫彤), 《이십사효도설二十四孝圖說》(淸刻本), 《백효도百孝圖》(何雲梯) 등을 저술과 판각으로 남겼으니 그림으로 널리 알려진 것으로는 임백년(任伯年: 1840~1895. 본명은 任頤, 어릴 때 이름은 潤, 호는 山陰道士. 浙江 紹興人)의 《이십사효도二十四孝圖》와 청말

왕소(王素: 자는 小梅, 호는 遜之, 江蘇 揚州 사람)의 《이십
사효도책 二十四孝圖冊 》, 그리고 서주 (徐操:
1898~1961, 자는 燕孫, 호는 霜紅樓主人, 北京人)의 《이십
사효도二十四孝圖》(1939)가 널리 알려져 있으며,
근현대에 이르러서는 왕진王震의 《일정거사이십사
효도一亭居士二十四孝圖》 등이 있고, 진운창(陳雲彰:
?~1954, 자는 少梅)의 《이십사효도二十四孝圖》는
1950년에 완성하였으나 여러 경로를 거쳐 대만
으로 흘러들어 갔다가 2003년 다시 북경의 소장가

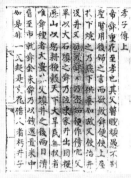

日本 陽明文庫에 소장된
古抄本《孝子傳》

에게 넘어간 예로도 유명하다. 그런가 하면 일본에는 필자 미상의 《중화
이십사효도中華二十四孝圖》가 전해지고 있다.

한편 민간은 민간대로 자신의 저택이나 고택의 난간, 문루門樓, 문액門額,
문미門楣, 낭하廊廈의 횡연목橫椽木, 심지어 주영柱楹 등 그릴 만한 공간이면
어디에나 이 '이십사효'의 고사를 그림으로 그려 집안 어린 아이들이 자연
스럽게 익히고 본받도록 하고 있어 아이들의 도덕 교재로서의 이상적인
자료의 역할을 해왔다. 그리고 민간에서는 이를 한 장의 그림에 그려 마치
승관도昇官圖와 같은 형태로 만들어 우리나라 윷놀이처럼 놀이를 통해
하나씩 짚어나가도록 하기도 하였으며, 신년 민화民畫에 이를 주제로 그림
으로 그려 붙여놓거나 아이와 가족, 친척들에 나누어주어 바른 생활을
권유하고 다짐하도록 하는 풍습으로 이어지기도 하였다. 따라서 지금도
중국인이라면 이 책에 실린 고사를 모르는 이가 없으며 나아가 자신들
자녀에게도 자신 있게 권장하는 아동도서로 굳건한 자리를 잃지 않고 있다.

그러나 이 책은 학자의 주목을 받지 못하여 제대로 확인되지 않은 채 전해오는 과정에서 오류나 탈락, 문자의 가감 등 난맥상을 이루고 있다. 매 편이 불과 몇 글자가 되지 않음에도 글자마다 이체자異體字, 혼효자 混淆字를 틀린 채로 그대로 사용하여 올바른 문장을 이루지 못한 경우가 발견된다.

이를테면 유검루庾黔婁를 경검루庚黔婁로 발음까지 오류를 그대로 적었으며, 최관崔琯, 唐夫人의 아들은 산남절도사山南節度使를 역임하여 '최산남崔山南'이라 부르고 있음에도 이를 '최남산崔南山'으로 잘못되어 있는 등이 그 예이다. 그런가 하면 네 글자로 알기 쉽도록 성어를 이루어 표현한 제목도 책마다 각기 다르고, 본문 구절이나 시 구절, 심지어 고사의 배열 순서도 전혀 통일이 없어 책마다 다르다. 게다가 내용을 그림으로 그리고 글씨로 표현한 화제畫題나 서예 작품의 글자 판독도 오류를 범하였으니 亞(然), 熱(勢), 避(邂), 聲(馨), 復(無) 등이 그렇다.

그보다 더한 문제는 정확한 판본이 없다는 점이다. 민간의 향리鄕里나 사숙私塾 등을 통해 이어지다 보니 나름대로 알고 있는 효행고사孝行故事나 효감전설孝感傳說, 효우설화孝友說話 등을 개별적으로 모아 이 책의 이름을 빌려 편정編定하였기 때문에, 지금 전하는 많은 책은 그에 실린 내용이 각기 다를 수밖에 없다. 이 경우 그 과정이나 시대, 편찬자 등에 대한 기록도 거의 남아 있지 않아 더욱 연구에 어려움을 주고 있다. 나아가 가장 널리 알려진 소위 〈원본原本〉 외에 다른 판본은 채록 주제는 물론 서술 내용 이나 문자도 조금씩 달라 그 상황을 일일이 정리하기도 어려울 정도이다. 더구나 각 내용 표제의 제목도 각기 달라 표준을 정하기가 어렵다. 나아가 일부는 정사正史나 널리 알려진 전적典籍에서 채록한 것이 아니기 때문에 특수 지명이나 인명, 내용 등을 알 수 없는 경우도 있다.

그 중 소위 〈별록別錄〉은 그나마 편정 과정을 알 수 있다. 즉 앞서 밝힌 청대 도광(道光: 1821~1850) 연간에 간행된 《효행록孝行錄》의 석온옥石韞玉 서문에 "世傳《二十四孝》一書, 不知何人所著, 凡采取子史所載孝行二十四則集爲一編, 向時鄉塾都有之, 今高君月槎復別錄二十四事以廣之. 又每事繫之一詩, 以致其長言咏嘆之意"

日本 京都大學 도서관 所藏의 《孝子傳》. 중국 唐 이전 판본으로 밝혀졌다.

라 하여 이는 고월사高月槎가 따로 편집한 것이며 그에 따르는 시구 역시 그가 지어 첨부한 것임을 밝히고 있다.

이처럼 개별적으로 다시 소재를 찾아 재편집하고 같은 책이름으로 내용을 바꾸어 전혀 다른 내용을 싣는 일은 지금도 계속되고 있다.

이를테면 산동성山東省 노년학학회老年學學會 효문화전업위원회孝文化專業委員會에서 펴낸 《新編二十四孝圖》(2007, 齊魯書社)의 경우 실린 내용을 간단히 분석, 대비해 보면 다음과 같다.

1. 「孝聞天下」上古, 禹. 001 '孝感動天'
2. 「鹿乳奉親」周, 郯子. 007 '鹿乳奉親'
3. 「孔子論孝」주, 孔子. 공자 부모 합장 고사.
4. 「蘆衣諫親」주, 閔損. 004 '蘆衣順母'

5. 「負米養親」주, 仲由. 005 '百里負米'
6. 「曾子倡孝」주, 曾參. 부모의 죽음에 흘린 눈물이 샘으로 솟았다는 고사.
7. 「孟子重孝」戰國, 孟子. 孟母三遷 및 斷機之敎의 고사.
8. 「上書救父」漢, 緹縈. 052 '緹縈救父'
9. 「賣身葬父」한, 董永. 006 '賣身葬父'
10. 「行傭孝母」後漢, 江革. 008 '行傭供母'
11. 「臥冰求鯉」東晉, 王祥. 012 '臥冰求鯉'
12. 「辭征孝親」晉, 李密. 〈陳情表〉의 내용을 고사로 바꿈.
13. 「孝母勤廉」동진, 陶侃. 假公濟私의 경계와 范逵의 방문에 있었던 고사.
14. 「替父從軍」北朝, 花木蘭. 038 '代父從征'과 054 '木蘭從軍'
15. 「代父受刑」南朝, 吉翂. 길분이 아버지의 죄를 대신하여 형을 받겠다고 나선 고사.
16. 「學醫療親」唐, 孫思邈. 손사막이 부모 병을 고치겠다고 醫藥 공부를 하여 대성한 끝에, 藥王의 칭호를 듣게 되었다는 고사
17. 「斥盜護婆」唐, 鄭義宗 처 盧氏. 강도 침입에 죽음으로써 시어머니를 보호한 노씨의 고사.
18. 「盡忠報國」南宋, 岳飛. 어머니가 출정하는 아들 악비의 등에 '盡忠報國'의 문신을 새겨준 고사.
19. 「棄官尋母」宋, 朱壽昌. 015 '棄官尋母'
20. 「打虎救母」明, 謝定柱. 동생을 업고 가는 어머니를 호랑이가 기습하자 이를 물리친 12살 사정주의 고사.
21. 「以孝敎僮」淸, 陸隴其. 縣令이 되어 悖逆不孝한 민간인 아들을 맡아 훈육하여 改悛시킨 고사.

22. 「積錢葬母」 청, 啞孝子(벙어리 효자). 거지이며 벙어리인 자가 구걸한 돈을 매일 몇 푼씩 우물에 넣어 모았다가 어머니 장례를 모신 고사.
23. 「異國尋母」 청, 沈仁業. 아버지가 越南에 행상으로 나가 그곳 여인과 결혼하여 나은 다음 자신만을 데리고 귀국하자 8살에 어머니 얼굴 그림을 들고 찾아 나선 尋母故事.
24. 「四子爭孝」 청, 강남 오씨 집안. 가난한 집에 태어난 네 아들이 성공하자 서로 부모에게 효성을 경쟁한 고사.

이상으로 보아 《신편》에 실린 24개 고사 중 〈원본〉에 있는 것은 8개뿐이며 그나마 〈별록〉과 중복되는 것은 2개, 결국 14개의 고사는 새로운 것으로 대체하고 있다.

그 외에도 다른 판본에 실린 것의 제목만 보아도 '闕下林家', '愛屋及烏', '遙獻蔬果', '構屋奉母', '乞飯侍母', '聚銀葬母', '紫荊復萌', '董永侍父' 등 새로운 내용도 있고 같은 고사를 제목을 달리 하는 등 다양한 모습을 보이고 있다.

그럼에도 이 소박한 통속물은 정리하고 다듬어 세상에 다시 바르게 읽히도록 할 만한 가치는 충분하다. 따라서 원전을 찾아 대조하고 다른 전적에 전재轉載된 것도 일일이 찾아 대비함으로써 원래의 모습을 복원할 수 있었다. 특히 각 정사正史에 정식으로 올라 있는 경우는 물론, 《소학小學》과 《몽구蒙求》 등에도 거의 실려 있어 매우 다행이었으며 그 외 《태평어람太平御覽》, 《예문유취藝文類聚》, 《초학기初學記》, 《세설신어世說新語》, 《고사전高士傳》, 《열녀전列女傳》 등에서도 있는 대로 찾아 교감에 활용하였음을 밝힌다.

兩家父子之盛

兩家父子之盛　　　子維太子少師子縝太子太保　郭李兩家父子之盛　　二賓家父子之盛

二十四孝

大舜　老萊子　曾參　閔損　江革　陸績　漢文帝

子路　董永　剡子

'이십사효' 齊潢 글씨

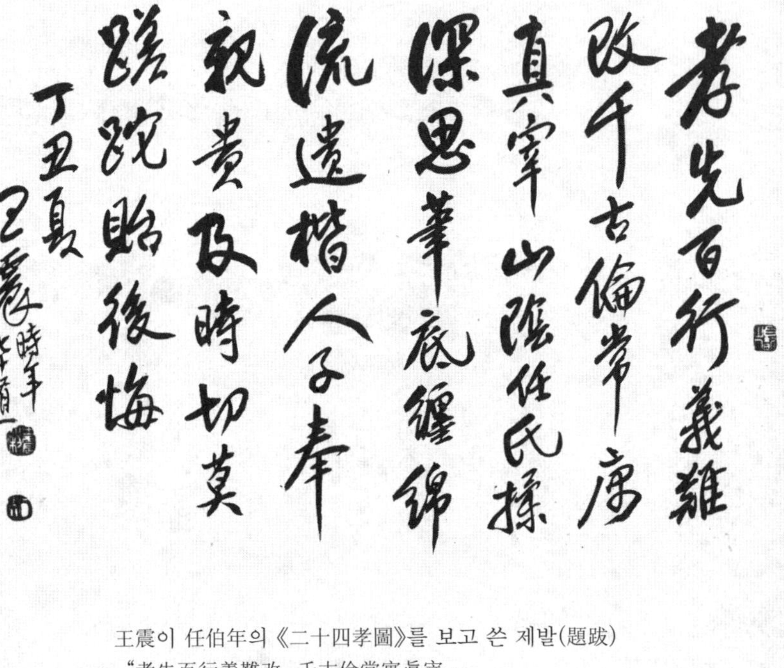

孝先百行義難
改千古倫常寓
真宰山陰任氏揉
深思筆底纏綿
流遺楷人子奉
親貴及時切莫
蹉跎貽後悔
丁丑夏
王震 時年
七十有一

王震이 任伯年의 《二十四孝圖》를 보고 쓴 제발(題跋)
"孝先百行義難改, 千古倫常寓眞宰.
山陰任氏揉深思, 筆底纏綿流遺楷.
人子奉親貴及時, 切莫蹉跎貽後悔."

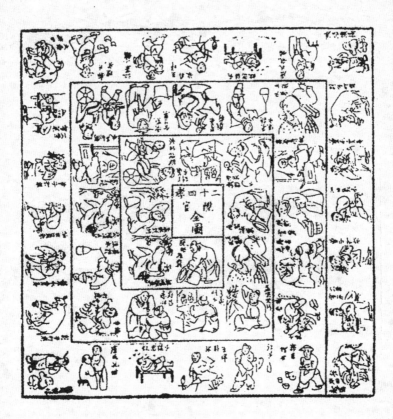

청대 민간에 유행하던 〈二十四孝圖〉.
이는 〈昇官圖〉처럼 놀이를 통해 자연스럽게 익힐 수 있도록 만든 것임.

차례

I. 《二十四孝》原本 (元, 郭守正)

Ⅱ. 《二十四孝》別錄 (淸, 高月槎)

Ⅲ. 《二十四孝》逸錄

I. 《二十四孝》原本 (元, 郭守正)

　　원대元代 곽수정(郭守正, 居敬)이 집록한 것으로 알려져 있다.
《복건통지福建通志》 등에 의하면 "撫虞舜而下二十四人孝行之槪,
繫以詩, 用訓童蒙"이라 하여 유가儒家 이념의 가장 높은 덕목인
효도를 권장하고 선양하고자, 상고시대부터 송대까지 역대 이래
24명의 효도 고사를 어린 아이에게 맞게 아주 쉬운 문장으로,
그리고 아주 적은 분량으로 아동들이 부담을 느끼지 않고 젖어들
수 있도록 꾸몄다고 하였다.

《이십사효》 원본(원, 곽수정)
宋元代 畫像磚. '紫荊復萌', '哭竹生筍'(023), '臥冰求鯉'(012)를 표현한 것

하늘을 감동시킨 순임금의 효성

우순虞舜은 고수瞽瞍의 아들로 성품이 지극히 효성스러웠다. 아버지는 완고하기 그지없었고 계모는 악독하였으며 배다른 아우 상象은 오만하였다.

순이 역산歷山에서 농사를 지을 때 코끼리가 나타나 그를 대신하여 밭을 갈아주었고, 새들이 나타나 그를 위해 대신 김을 매어주었으니 그 효도가 만물을 감동시킴이 이와 같았던 것이다.

요堯임금이 이를 듣고 자신의 아홉 아들을 보내어 순을 섬기도록 하였고 두 딸을 주어 아내로 삼아주었으며 드디어 천하를 그에게 선양하여 임금의 지위에 오르게 하였다.

이를 두고 시를 지어 칭송하였으니 그 시는 다음과 같다.

"코끼리 힘을 쓰며 봄날 그를 대신하여 밭을 갈아주고,
분주하게 날아드는 새들 그를 위해 김을 매어주었네.
요임금의 뒤를 이어 황제의 지위에 오르니,
그 효심이 천심을 감동시킨 것이라네."

清, 王素(畫) 虞舜 '孝感動天'

虞舜, 瞽瞍之子, 性至孝, 父頑母嚚, 弟象傲.
舜耕於歷山, 有象爲之耕, 有鳥爲之耘, 其孝感如此.
帝堯聞之, 事以九男, 妻以二女. 遂以天下讓焉.

系詩頌之, 詩曰:

『隊隊耕春象, 紛紛耘草禽.
　嗣堯登寶位, 孝感動天心.』

任伯年"虞舜,孝思感格,象耕鳥耘"

【孝感動天】순임금의 효성이 하늘을 감동시킴.《新編二十四孝圖》에는 제목을 '孝聞天下'로 바꾸었음.

【虞舜】고대 五帝 중의 舜임금. 성은 姚, 이름은 重華. 虞는 그의 출신 부락의 이름이 有虞氏였으며 이를 줄여 虞라 한 것임. 堯임금으로부터 천하를 禪讓 받아 천하를 다스림. 아버지 고수(瞽瞍, 瞽叟)는 장님으로 순의 어머니가 죽자 후처를 들였으며 후처에게 象이 태어나자 순을 몹시 괴롭혔던 것으로 알려짐. 이에 순은 더욱 효성을 다하여 부모를 모시고 아우를 보살펴 그 孝友의 이름이 높았음. 《史記》五帝本紀 및 《孟子》등 참조.

帝舜(有虞氏)《三才圖會》

【瞽瞍】瞽叟로도 표기하며 순임금의 아버지. 장님이었다 함.

【頑】완고함. 고집이 세며 道義를 기본으로 삼지 않고 행동함.

【嚚】음은 '은'. 여인으로서 말이 많고 어리석으며, 말과 행동에 진실성이 없고 남을 잘 험담함을 뜻함. 그러나 이 글자를 '囂'(효)자로 잘못 판각된 판본이 있음. 이는 字形이 비슷하여 오류를 일으킨 것임.

【象】순임금의 배다른 아우. 아버지 고수와 계모 사이에 태어났으며 성격이 매우 악독하여 아버지를 악의 길로 인도한 인물.

【歷山】지명이며 산 이름. 지금의 山東 歷城縣 남쪽. 舜임금이 세상에 알려지기 전 농사를 지었던 곳.

【有象爲之耕】여기서 상은 코끼리. 코끼리가 그를 위해 대신 밭을 갈아줌.

【孝感】효성에 감동함.

【耘】잡초를 제거함. 김을 맴. 힘든 농사일의 하나.

【帝堯】고대 五帝의 하나. 堯임금. 陶唐氏 출신이며 이름은 放勳. 帝嚳의 아들로 성은 이기(伊祁). 재위 70년 만에 舜에게 천하를 선양하고 자신의 딸 娥皇과 女英을 주어 아내로 삼도록 함.

帝堯(陶唐氏)《三才圖會》

【九男】요임금이 그에게 아홉 명의 아들을 파견하여 순을 돕도록 함.

【二女】娥皇과 女英. 요임금의 두 딸이며 순의 아내가 됨.

【系】'繫'와 같음. 連繫함. '詩에 연계하여 이를 찬미하고 노래하다'의 뜻.

陳少梅(雲彰)'孝感動天'

徐燕孫'孝感動天'

【頌】칭송함. 노래로써 찬미함.

【隊隊】코끼리가 힘차가 걸으며 밭을 가는 모습을 표현한 것.

【隊隊耕春象】다른 판본에는 "隊隊耕田象"으로 되어 있음.

【紛紛】새들이 부지런히 날아들며 풀을 제거해주는 모습을 표현한 것.

【禽】새. 원래 '鳥'자여야 하나 끝 구절 '心'과 압운(押韻)을 위해 이 글자를 사용한 것.

【嗣】뒤를 이음. 여기서는 순이 요임금의 뒤를 이어 천하를 다스리게 됨을 말함.

【寶位】제왕의 자리. 다른 판본에는 '帝位'로 되어 있음.

【天心】하늘의 마음. 여기서는 천하 만민의 마음을 뜻함.

'堯舜禪位圖' 漢, 畫像石

참고 및 관련 자료

1.《尙書》堯典

岳曰:「瞽子, 父頑, 母嚚, 象傲; 克諧以孝, 烝烝乂, 不格姦」帝曰:「我其試哉!」女于時, 觀厥刑于二女. 釐降二女于嬀汭, 嬪于虞. 帝曰:「欽哉!」

2.《孟子》萬章(上)

(1) 萬章問曰:「舜往于田, 號泣于旻天, 何爲其號泣也?」孟子曰:「怨慕也.」萬章曰:「父母愛之, 喜而不忘; 父母惡之, 勞而不怨. 然則舜怨乎?」曰:「長息問於公明高曰:『舜往于田, 則吾旣得聞命矣; 號泣于旻天, 于父母, 則吾不知也.』公明高曰:『是非爾所知也.』夫公明高以孝子之心, 爲不若是恝, 我竭力耕田, 共爲子職而已矣, 父母之不我愛, 於我何哉? 帝使其子九男二女, 百官牛羊倉廩備, 以事舜於畎畝之中. 天下之士多就之者, 帝將胥天下而遷之焉. 爲不順於父母, 如窮人無所歸. 天下之士悅之, 人之所欲也, 而不足以解憂; 好色, 人之所欲, 妻帝之二女, 而不足以解憂; 富, 人之所欲, 富有天下, 而不足以解憂; 貴, 人之所欲, 貴爲天子, 而不足以解憂. 人悅之・好色・富貴, 無足以解憂者, 惟順於父母, 可以解憂. 人少, 則慕父母; 知好色, 則慕少艾; 有妻子, 則慕妻子; 仕則慕君, 不得於君則熱中. 大孝終身慕父母. 五十而慕者, 予於大舜見之矣.」

清刻本《二十四孝圖》虞舜 ‘孝感動天’

清刻本《二十四孝圖說》虞舜 ‘孝感動天’

王震《一亭居士畫二十四孝圖》(근대)
虞舜 ‘孝感動天’

(2) 萬章問曰:「詩云:『娶妻如之何? 必告父母.』信斯言也, 宜莫如舜. 舜之不告而娶, 何也?」孟子曰:「告則不得娶. 男女居室, 人之大倫. 如告, 則廢人之大倫, 以懟父母, 是以不告也.」萬章曰:「舜之不告而娶, 則吾既得聞命矣; 帝之妻舜而不告, 何也?」曰:「帝亦知告焉, 則不得妻也.」萬章曰:「父母使舜完廩, 捐階, 瞽瞍焚廩. 使浚井, 出, 從而揜之. 象曰:『謨蓋都君咸我績. 牛羊父母, 倉廩父母, 干戈朕, 琴朕, 弤朕, 二嫂使治朕棲.』象往入舜宮, 舜在牀琴. 象曰:『鬱陶思君爾.』忸怩. 舜曰:『惟茲臣庶, 汝其于予治.』不識舜不知象之將殺己與?」曰:「奚而不知也? 象憂亦憂, 象喜亦喜.」曰:「然則舜偽喜者與?」曰:「否. 昔者, 有饋生魚於鄭子產, 子產使校人畜之池. 校人烹之, 反命曰:『始舍之圉圉焉, 少則洋洋焉, 攸然而逝.』子產曰:『得其所哉! 得其所哉!』校人出, 曰:『孰謂子產智? 予既烹而食之, 曰:「得其所哉! 得其所哉!」』故君子可欺以其方, 難罔以非其道. 彼以愛兄之道來, 故誠信而喜之, 奚偽焉?」

(3) 萬章問曰:「象日以殺舜為事, 立為天子, 則放之, 何也?」孟子曰:「封之也, 或曰放焉.」萬章曰:「舜流共工于幽州, 放驩兜于崇山, 殺三苗于三危, 殛鯀于羽山, 四罪而天下咸服, 誅不仁也. 象至不仁, 封之有庳. 有庳之人奚罪焉? 仁人固如是乎? 在他人則誅之, 在弟則封之?」曰:「仁人之於弟也, 不藏怒焉, 不宿怨焉, 親愛之而已矣. 親之欲其貴也, 愛之欲其富也. 封之有庳, 富貴之也. 身為天子, 弟為匹夫, 可謂親愛之乎?」「敢問或曰放者, 何謂也?」曰:「象不得有為於其國, 天子使吏治其國, 而納其貢稅焉, 故謂之放. 豈得暴彼民哉? 雖然, 欲常常而見之, 故源源而來.『不及貢, 以政接于有庳』, 此之謂也.」

3. 《韓非子》難一篇

歷山之農者侵畔, 舜往耕焉, 朞年, 甽畝正. 河濱之漁者爭坻, 舜往漁焉, 朞年而讓長. 東夷之陶者器苦窳, 舜往陶焉, 朞年而器牢. 仲尼歎曰:「耕, 漁與陶, 非舜官也, 而舜往為之者, 所以救敗也. 舜其信仁乎!」乃躬藉處苦而民從之. 故曰:「聖人之德化乎!」

4. 《新書》雜事(1)

昔者, 舜自耕稼陶漁而躬孝友. 父瞽瞍頑, 母嚚, 及弟象傲, 皆下愚不移. 舜盡孝道, 以供養瞽瞍. 瞽瞍與象, 為浚井塗廩之謀, 欲以殺舜, 舜孝益篤. 出田則號泣, 年五十猶嬰兒慕, 可謂至孝矣. 故耕於歷山, 歷山之耕者讓畔; 陶於河濱, 河濱之陶者, 器不苦窳; 漁於雷澤, 雷澤之漁者分均. 及立為天子, 天下化之, 蠻夷率服. 北發渠搜, 南撫交阯, 莫不慕義, 麟鳳在郊. 故孔子曰:『孝弟之至, 通於神明, 光於四座..』舜之謂也.

5.《韓詩外傳》(4)

韶用干戚, 非至樂也; 舜兼二女, 非達禮也; 封黃帝之子十九人, 非法義也. 往田號泣, 未盡命也. 以人觀之則是也, 以法量之則未也. 禮曰: 『禮儀三百, 威儀三千.』詩曰: 『靖恭爾位, 正直是與, 神之聽之, 式穀以女.』

6.《列女傳》(1)「有虞二妃」

有虞二妃者, 帝堯之二女也: 長娥皇· 次女英. 舜父頑, 母嚚; 父號瞽叟. 弟曰象, 敖游於嫚, 舜能諧柔之; 承事瞽叟以孝. 母憎舜而愛象; 舜猶內治, 靡有姦意. 四嶽薦之於堯, 堯乃妻以二女, 以觀厥內. 二女承事舜於畎畝之中, 不以天子

《中華二十四孝》삽화(日本) '孝感動天'

之女故, 而驕盈怠嫚, 猶謙謙恭儉, 思盡婦道. 瞽叟與象, 謀殺舜, 使塗廩. 舜歸告二女曰:「父母使我塗廩, 我其往.」二女曰:「往哉!」舜既治廩, 乃捐階; 瞽叟焚廩, 舜往飛出. 象復與父母謀, 使舜浚井. 舜乃告二女, 二女曰:「俞, 往哉!」舜往浚井, 格其出入, 從掩, 舜潛出. 時既不能殺舜, 瞽叟又速舜飲酒, 醉將殺之. 舜告二女, 二女乃與舜藥, 浴汪遂往, 舜終日飲酒不醉. 舜之女弟繫憐之, 與二嫂諧. 父母欲殺舜, 舜猶不怨, 怒之不已. 舜往於田, 號泣日呼旻天, 呼父母, 惟害若茲, 思慕不已, 不怨其弟, 篤厚不怠. 既納於百揆, 賓於四門, 選於林木, 入於大麓, 堯試之百方, 每事常謀於二女. 舜既嗣位, 升爲天子, 娥皇爲后, 女英爲妃; 封象於有庳, 事瞽叟猶若初焉, 天下稱二妃聰明貞仁. 舜陟方死於蒼梧, 號曰重華. 二妃死於江湘之間, 俗謂之湘君. 君子曰:「二妃德純而行篤.」詩云:「不顯惟德, 百辟其刑之.」此之謂也. 頌曰:「元始二妃, 帝堯之女, 嬪列有虞, 承舜於下. 以尊事卑, 終能勞苦. 瞽叟和寧, 卒享福祜.」

7.《史記》五帝本紀

舜父瞽叟盲, 而舜母死, 瞽叟更娶妻而生象, 象傲. 瞽叟愛後妻子, 常欲殺舜, 舜避逃; 及有小過, 則受罪. 順事父及後母與弟, 日以篤謹, 匪有解. 舜, 冀州之人也. 舜耕歷山, 漁雷澤, 陶河濱, 作什器於壽丘, 就時於負夏. 舜父瞽叟頑, 母嚚, 弟象傲, 皆欲殺舜. 舜順適不失子道, 兄弟孝慈. 欲殺, 不可得; 即求, 嘗在側.

8.《史記》五帝本紀

舜年二十以孝聞. 三十而帝堯問可用者, 四嶽咸薦虞舜:「曰可」於是堯乃以二女妻舜以觀其內, 使九男與處以觀其外. 舜居嬀汭, 內行彌謹. 堯二女不敢以貴驕事舜親戚, 甚有婦道. 堯九男皆益篤. 舜耕歷山, 歷山之人皆讓畔; 漁雷澤, 雷澤上人皆讓居; 陶河濱, 河濱器皆不苦窳. 一年而所居成聚, 二年成邑, 三年成都. 堯乃賜舜絺衣, 與琴, 爲築倉廩, 予牛羊. 瞽叟尙復欲殺之, 使舜上塗廩, 瞽叟從下縱火焚廩. 舜乃以兩笠自扞而下, 去, 得不死. 後瞽叟又使舜穿井, 舜穿井爲匿空旁出. 舜旣入深, 瞽叟與象共下土實井, 舜從匿空出, 去. 瞽叟·象喜, 以舜爲已死. 象曰:「本謀者象」象與其父母分, 於是曰:「舜妻堯二女, 與琴, 象取之. 牛羊倉廩予父母」象乃止舜宮居, 鼓其琴. 舜往見之. 象鄂不懌, 曰:「我思舜正鬱陶!」舜曰:「然, 爾其庶矣!」舜復事瞽叟愛弟彌謹. 於是堯乃試舜五典百官, 皆治.

9.《十八史略》(1)

帝舜有虞氏: 帝舜有虞氏, 姚姓, 或曰名重華, 瞽瞍之子, 顓頊六世孫也. 父惑於後妻, 愛少子象, 常欲殺舜, 舜盡孝悌之道, 烝烝乂不格姦. 畊歷山, 民皆讓畔, 漁雷澤, 人皆讓居, 陶河濱, 器不苦窳, 所居成聚, 二年成邑, 三年成都. 堯聞之聰明, 舉於畎畝, 妻以二女, 曰娥黃 · 女英, 釐降于嬀汭, 遂相堯攝政, 放驩兜, 流共工, 殛鯀, 竄三苗.

10.《帝鑑圖說》孝德升聞

虞史紀: 舜父瞽叟, 娶後妻, 生象. 父頑母嚚, 象傲. 常欲殺舜, 舜避逃, 克諧以孝, 瞽叟亦允若. 帝求賢德, 可以遜位, 群臣舉舜, 帝亦聞之. 於是以二女妻舜, 舜以德率二女, 皆執婦道.

[解] 虞史上記: 大舜的父, 是箇瞽目人, 他前妻生的兒子就是大舜. 舜母故了, 瞽叟又娶一箇後妻, 生的兒子叫做象. 那瞽叟愚頑不知道理, 後妻嚚惡不賢, 象又凶狠無狀. 他三箇人時嘗商量着要殺舜, 舜知道了, 設法躲避, 然後得免. 然終不敢怨其父母, 只盡自家的孝道. 久之, 感化得一家人都和睦. 瞽叟見他這等孝順, 也相信歡喜了, 所以人都稱他爲孝子. 當時帝堯要求賢德的人, 可遜以帝位者. 群臣都薦舉他.

比先, 帝堯已知大舜善處父母兄弟, 是箇聖人, 但是不知他處夫婦之間何如. 於是召舜去, 把兩箇女兒都嫁與他爲妻. 舜又能以德化率這二女, 在他父母前都盡做媳婦的道理. 堯因此遂禪以帝位. 自古聖賢, 皆以孝行爲本, 然父母慈愛而子孝順, 尙不爲難. 獨舜父母不慈, 而終能感化, 所以當時以爲難能, 而萬世稱爲大孝也.

11. 한편 순임금의 농사에 코끼리와 새가 나타나 도와주었다는 고사는 정사나 다른 기록에는 찾을 수 없으며, 지금은 사라진 晉 皇甫謐의《帝王世紀》를 인용한《太平御覽》(890)에 "舜葬蒼梧, 下有群象, 常爲之耕. 又云禹葬會稽, 祠下有群象耕田"라 하였고, 王充의《論衡》偶會篇에 "鴈鵠集於會稽, 去避碣石之寒, 來遭民田之畢, 蹈履民田, 啄食草糧. 糧盡食索, 春雨適作, 避熱北去, 復之碣石. 象耕靈陵, 亦如此焉. 傳曰:「舜葬蒼梧, 象爲之耕. 禹葬會稽, 鳥爲之佃」失事之實, 虛妄之言也"라 함.

明, 張居正의《帝鑑圖說》'孝德升聞' 삽화

002(本-2) 친상탕약親嘗湯藥 ·········· (西漢) 文帝
어머니 병환에 몸소 탕약 맛을 보고
올려드린 한나라 임금 문제

전한前漢의 임금 문제文帝는 이름은 항劉恆이며, 고조高祖 유방劉邦의
셋째 아들이다. 처음 대왕代王에 봉해졌으며 그를 낳아준 어머니는
박태후薄太后였다.

그는 어머니를 봉양함에 조금도 게으름이 없었다.

어느 날 어머니가 병이 나자 그는 3년을 내리 눈도 제대로 감고 자본
적이 없고, 허리띠를 풀고 편히 쉰 적도 없이 어머니께 드리는 탕약은
자신이 직접 맛을 보지 않은 것은 올려드리지 않았다.

이리하여 그의 어짊과 효성이 천하에 널리 알려지게 된 것이다.

시를 지어 이를 칭송하니 그 시는 다음과 같다.

"어짊과 효성이 천하에 널리 알려졌으니,
　그 높고 높은 효성은 모든 왕의 으뜸이었네.
　어머니 황후께서 3년을 병석에 누웠을 때,
　탕약은 반드시 먼저 맛을 보고 올려드렸네."

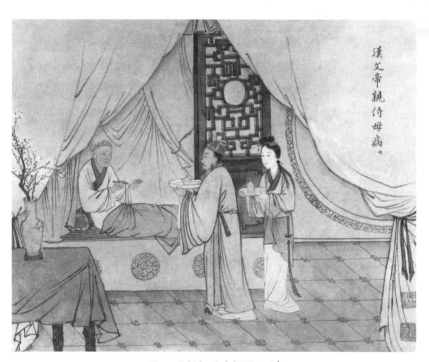

淸, 王素(畫) 舜의 '親侍母病'

前漢文帝, 名恆, 高祖第三子, 初封代王, 生母是薄太后.
帝奉養無怠. 母嘗病, 三年.
帝目不交睫, 衣不解帶, 湯藥非口親嘗弗進.
仁孝聞於天下.

系詩頌之, 詩曰:

『仁孝聞天下, 巍巍冠百王.
　母后三載病, 湯藥必先嘗.』

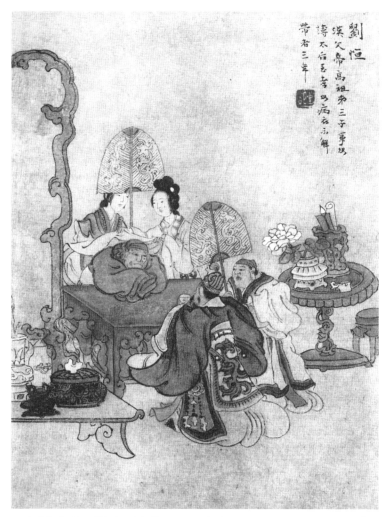

任伯年"劉恒，漢文帝，高祖第三子，事母薄太后至孝，母病，衣不解帶者三年"

【親嘗湯藥】몸소(직접) 탕약의 맛(쓴 정도나 따뜻한 정도, 혹 독약의 유무)을 봄. '嘗'은 '嚐'(맛보다)과 같음.《禮記》曲禮(下)에 "親有疾, 飮藥, 子先嘗之"라 함.

【前漢】西漢. 중국 秦나라 이후 고조(高祖) 유방(劉邦)에 의해 건립된 왕조. B.C.202~A.D.8년까지 장안(長安, 지금의 陝西 長安)을 도읍으로 12황제를 이어 발전하였으며 뒤에 王莽에 의해 망하였다가 광무제(光武帝) 유수(劉秀)가 나라를 일으켜 낙양(洛陽)을 도읍으로 14대 황제를 이어갔으며 洛陽이 長安보다 동쪽에 있어 이를 '東漢'이라 하며 그 이전을 '西漢', 혹은 '前漢'이라 함.

【文帝】西漢의 제 3대 황제. 이름은 劉恒. 漢 高祖의 셋째 아들로 薄太后에게서 태어남. 惠帝(劉盈)를 이어 제위에 오름. B.C.179~B.C.157년 재위함. 한나라 초기 文景之治를 이루어 제국의 기틀을 다짐.《史記》孝文帝本紀와《漢書》文帝紀를 볼 것.

【代王】대는 지명으로 지금의 하북과 산서 일대에 두었던 제후국. 한나라는 郡國制를 채택하여 황족 劉氏를 각지에 國을 세워 왕으로 봉하였음. 劉恒은 처음에 代王에 봉해졌었음.

漢文帝(劉恒)《三才圖會》

【薄太后】薄姬. 한 고조 劉邦의 皇后. 황제의 어머니를 太后라 하며 아내는 皇后라 부름.《漢書》外戚傳 高祖薄姬에 전이 실려 있음.

【母嘗病】일부 판본에는 '母常病'으로 되어 있음.

【睫】눈의 속눈썹. 여기서는 어머니의 병환을 걱정하여 잠시도 눈을 감고 잠을 자지 못함을 표현한 것.

【解帶】허리띠를 풂. 허리띠를 풀고 잠을 자거나 쉬지도 못하였음을 말함.

【湯藥】약탕기에 끓인 약.

【仁孝聞天下】다른 판본에는 '仁孝臨天下'로 되어 있음.

【冠】으뜸이 됨.

【母后三載病】'載'는 '年'과 같음. 일부 판본에는 '莫庭事賢母'로 되어 있으나 여기서 '漢'은 '漢'자의 오기임.

【湯藥必先嘗】다른 판본에는 "湯藥必親嘗"으로 되어 있음.

《中華二十四孝》삽화(日本) '親嘗湯藥'

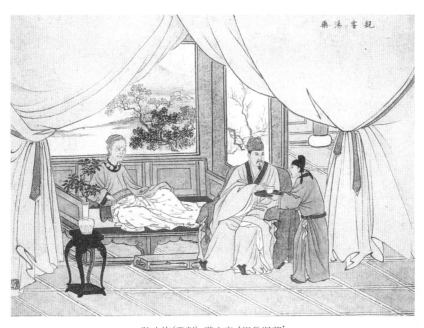

陳少梅(雲彰) 漢文帝 '親嘗湯藥'

1.《史記》(101) 袁盎列傳

淮南王至雍, 病死, 聞, 上輟食, 哭甚哀. 盎入, 頓首請罪. 上曰:「以不用公言
至此.」盎曰:「上自寬, 此往事, 豈可悔哉! 且陛下有高世之行者三, 此不足以
毀名.」上曰:「吾高世行三者何事?」盎曰:「陛下居代時, 太后嘗病, 三年, 陛下
不交睫, 不解衣, 湯藥非陛下口所嘗弗進. 夫曾參以布衣猶難之, 今陛下親以
王者脩之, 過曾參孝遠矣. 夫諸呂用事, 大臣專制, 然陛下從代乘六乘傳馳不測
之淵, 雖賁育之勇不及陛下. 陛下至代邸, 西向讓天子位者再, 南面讓天子位
者三. 夫許由一讓, 而陛下五以天下讓, 過許由四矣. 且陛下遷淮南王, 欲以
苦其志, 使改過, 有司衛不謹, 故病死.」於是上乃解, 曰:「將奈何?」盎曰:
「淮南王有三子, 唯在陛下耳.」於是文帝立其三子皆爲王. 盎由此名重朝廷.

2.《漢書》(49) 爰盎列傳

淮南王至雍, 病死, 聞, 上輟食, 哭甚哀. 盎入, 頓首請罪. 上曰:「以不用公言
至此.」盎曰:「上自寬, 此往事, 豈可悔哉! 且陛下有高世行三, 此不足以毀名.」
上曰:「吾高世三者何事?」盎曰:「陛下居代時, 太后嘗病, 三年, 陛下不交睫
解衣, 湯藥非陛下口所嘗弗進. 夫曾參以布衣猶難之, 今陛下親以王者修之,
過曾參遠矣. 諸呂用事, 大臣顓制, 然陛下從代乘六乘傳, 馳不測淵, 雖賁育
之勇不及陛下. 陛下至代邸, 西鄉讓天子者三, 南鄉讓天子者再. 夫許由一讓,
陛下五以天下讓, 過許由四矣. 且陛下遷淮南王, 欲以苦其志, 使改過, 有司宿
衛不謹, 故病死.」於是上乃解, 盎繇此名重朝廷.

3.《藝文類聚》孝

文帝母薄太后疾. 文帝侍養數年. 衣不解帶. 親供粢盛. 坐罪不及父母. 下哀矜
之詔.

清刻本《二十四孝圖》漢文帝'親嘗湯藥'

清刻本《二十四孝圖說》漢文帝'親嘗湯藥'

王震《一亭居士畫二十四孝圖》(근대)
漢文帝'親嘗湯藥'

003(本-3) 교지심통齧指心痛 ·········· (周) 曾參
어머니가 손가락을 깨물자
하던 나뭇짐을 지고 달려온 증삼

　주周나라 춘추시대 증삼曾參은 자가 자여子輿이며 어머니를 지극한 효성으로 모셨다.

　증삼이 한 번은 산에 나무를 하러 갔을 때 집에 손님이 찾아왔다. 어머니는 어떻게 그를 대접할 방법이 없어 증삼이 돌아오기를 기다렸으나 오지 않는 것이었다.

　이에 어머니가 손가락을 깨물자 증삼은 갑자기 가슴이 아파오는 것을 느껴 얼른 나뭇짐을 지고 돌아와 무릎을 꿇고 그 이유를 여쭈었다.

　어머니는 이렇게 말하였다.

　"손님이 갑작스럽게 오셨기에 내가 손가락을 깨물어 너에게 알린 것일 뿐이란다!"

　뒷사람들은 시를 지어 그의 효성을 이렇게 칭송하였다.

"어머니가 자신의 손가락을 깨물자 말자,
　아들의 가슴은 아파서 견딜 수가 없었다네.
　나뭇짐을 지고 돌아오기를 늦지 않았으니,
　골육의 지극한 교감이 깊기도 하여라."

清, 王素(畫) 曾參 '嚙指心痛'

周, 曾參, 字子輿, 事母至孝.
參嘗採薪山中, 家有客至, 母無措, 望參不還.
乃嚙其指, 參忽心痛, 負薪以歸, 跪問其故.
母曰:「有客忽至, 吾嚙指以悟汝耳」

後人系詩頌之, 詩曰:

『母指纔方嚙, 兒心痛不禁.
　負薪歸未晚, 骨肉至情深』

任伯年"曾参，入山樵采，家有客至，母偶噛指，参覺心痛，棄薪急歸，乃知其故"

【嚙指心痛】 '嚙'는 '咬'와 같음. 그러나 설(囓, 齧), 서(噬)와 같은 뜻으로 '깨물다'의 의미로 쓰인 것임. '어머니가 손가락을 깨물면 멀리 떨어져 있는 증삼의 가슴이 아프다'의 뜻으로 모자 사이의 교감을 의미함.

【周】 중국 고대의 朝代 이름. B.C.1027~B.C.256년까지의 기간으로 문왕, 무왕이 殷을 멸하고 鎬京을 도읍으로 삼아 발전했던 왕조. 그 전반기를 서주, 후반기를 동주(洛陽에 도읍)라 하며, 동주를 다시 둘로 나누어 전반기를 春秋時代(B.C.770~B.C.475) 후반기를 戰國時代(B.C.475~B.C.222)라 함. 공자는 춘추시대 후반기에 활동하였으며 공자의 《춘추》라는 책에 의해 시대 이름이 정해진 것임. 여기서의 周는 동주 춘추시대를 뜻함.

【曾參】 자는 子輿. 그 아버지 曾點(曾晳)과 함께 공자의 제자이며 그 아들은 曾元. 증삼은 특히 효성으로 이름이 널리 알려졌으며 《孝經》을 정리하기도 하였음.

曾子《三才圖會》

【採薪】 땔감을 마련해 옴. 나무를 해 옴. 일부 판본에는 '采薪'으로 되어 있으며 '採'와 '采'는 古文에 흔히 혼용하여 표기함.

【措】 措置함. 그 일을 해냄. 오신 손님을 대접할 수 없는 상황이 됨.

【跪】 무릎을 꿇음. 어머니에게 예를 다함을 말함.

【悟】 알려줌. 깨닫게 해 줌. 통고함.

【母指纔方嚙】 "어머니가 손가락을 막 깨물자 말자 곧바로"의 뜻. 다른 판본에는 '母指方纏嚙'로 되어 있음. '纏'은 '纔'의 오기로 보임. '纔'는 약자로 '才'로도 표기하며 '겨우, 곧바로, 막'의 뜻.

【骨肉】 피를 나눈 아주 가까운 혈친. 여기서는 어머니와 아들 사이를 말함.

宋元代 畫像磚 曾參 '嚙指心痛'   金代 磚雕 曾參 '嚙指心痛'

《中華二十四孝》(日本) 曾參'嚙指心痛'

陳少梅(雲彰) 曾參'嚙指痛心'

1.《搜神記》(11)「曾子孝感萬里」

曾子從仲尼在楚而心動, 辭歸問母. 母曰:「思爾齧指」孔子曰:「曾參之孝, 精感萬里.」

2.《太平御覽》(370) 指

《搜神記》曰: 曾子從仲尼在楚而心動, 辭歸問. 母曰:「思之齧指」孔子聞之曰: 「曾之至誠也, 精感萬里.」

3.《太平御覽》(370) 指

《孝子傳》曰: 樂正者, 曾參門人也. 候參, 參採薪在野, 母齧右指, 旋頃走歸, 見正不語. 入詭問母:「何患?」母曰:「無」參曰:「負薪右臂痛, 薪墮地, 何謂無?」母曰:「向者, 客來, 無所使, 故齧指呼汝耳.」參乃悲然.

4.《孔子集語》(2) 孝本

《搜神記》: 曾子從仲尼在楚而心動, 辭歸問母. 母曰:「思爾齧指」孔子聞之曰: 「曾參之孝, 精感萬里.」

5.《論衡》感虛篇

傳書言: 曾子之孝, 與母同氣. 曾子出薪於野, 有客至而欲去. 曾母曰:「願留, 參方到.」即以右手搤其左臂. 曾子左臂立痛, 即馳至, 問母曰:「臂何故痛?」母曰: 「今者客來欲去, 吾搤臂以呼汝耳.」蓋以至孝與父母同氣, 體有疾病, 精神輒感. 曰:「此虛也. 夫孝悌之至, 通於神明, 乃謂德化至天地. 俗人緣此而說, 言孝悌之至, 精氣相動. 如曾母臂痛, 曾子臂亦輒痛, 曾母病乎, 曾子亦輒病乎? 曾母死, 曾子亦輒死乎? 攷事, 曾母先死, 曾子不死矣. 此精氣能小相動, 不能大相感也. 世稱申喜夜聞其母歌, 心動, 開關問歌者爲誰, 果其母. 蓋聞母聲, 聲音相感, 心悲意動, 開關而問, 蓋其實也. 今曾母在家, 曾子在野, 不聞號呼之聲, 母小搤臂, 安能動子? 疑世人頌成, 聞曾子之孝, 天下少雙, 則爲空生母搤臂之說也.

6. 한편 이 고사는《後漢書》文苑傳에 실려 있는 蔡順의 고사와 아주 흡사함.

磐同郡蔡順, 字君仲, 亦以至孝稱. 順少孤, 養母. 當出求薪, 有客卒至, 母望順不還, 乃嚙其指, 順卽心動, 弃薪馳歸, 跪問其故. 母曰:「有急客來, 吾嚙指以悟汝耳.」母年九十, 以壽終. 未及得葬, 里中災, 火將逼其舍, 順抱伏棺柩, 號哭叫天, 火遂越燒它室, 順獨得免. 太守韓崇召爲東閣祭酒. 母平生畏雷, 自亡後, 每有雷震, 順輒圜冢泣, 曰:「順在此.」崇聞之, 每雷輒爲差車馬到墓所. 後太守鮑衆舉孝廉, 順不能遠離墳墓, 遂不就. 年八十, 終于家.

7.《曾子》外篇 齊家에도 실려 있음.

清刻本《二十四孝圖》曾參‘嚙指心痛’

清刻本《二十四孝圖說》曾參‘嚙指心痛’

王震《一亭居士畫二十四孝圖》(근대)
曾參‘嚙指心痛’

004(本-4) 노의순모蘆衣順母 ·········· (周) 閔子騫

갈대솜 옷을 입고도
계모의 뜻에 순종한 민자건

주周나라 춘추시대 민손閔損은 자가 자건子騫이다.

일찍 어머니를 잃어 아버지가 계모를 맞아 다시 두 동생을 낳았다. 어머니는 두 아우에게는 솜으로 옷을 해 입혔지만 민손은 지극히 미워하여 갈대꽃을 솜 대신 넣어 옷을 해 입혔다.

어느 날, 아버지가 민손으로 하여금 수레를 몰게 하였는데 민손은 추위에 몸을 부들부들 떨면서 채찍까지 놓치고 마는 것이었다. 아버지가 그를 잘 살펴보고서야 그 까닭을 알아채고 후처를 내쫓을 참이었다.

그러자 민손은 이렇게 말하였다.

"어머니가 계시면 한 아들만 춥지만 어머니가 나가면 세 아들이 외로워집니다."

계모는 이를 듣고 마침내 후회하고 행동을 고치게 되었다.

이를 시로 지어 칭송하노니 다음과 같다.

"민씨 집안에 어진 아들 있으니,
 어찌 계모라 하여 미워한 적이 있었는가?
 계모를 쫓아내지 않도록 수레 앞에서 아버지께 말씀드리니,
 세 아들 모두가 모진 고생을 면하게 되었다네."

淸, 王素(畫) 閔子騫 '單衣順母'

周, 閔損, 字子騫. 早喪母, 父娶後母, 生二子, 衣以棉絮, 妒損, 衣以蘆花.

一日, 父令損御車, 體寒失鞭, 父察知其故. 欲出後母.

損曰:「母在一子寒, 母去三子單」

後母聞之, 卒悔改.

系詩爲頌, 詩曰:

『閔氏有賢郎, 何曾怨後娘?
車前留母在, 三子免風霜』

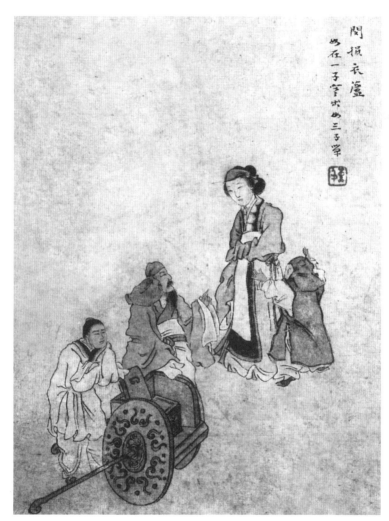

任伯年"閔損衣蘆，母在一子寒，出母三子單"

【蘆衣順母】'蘆'는 갈대 꽃. 마치 솜처럼 흰색을 띠고 있으나 옷에 넣어 사용할 수는 없음. "갈대 솜을 넣은 옷을 입고 어머니에게 순종함". 다른 판본에는 제목이 "單衣順母"(홑겹의 옷을 입고 어머니에게 순종함)로 되어 있음. 한편《新編二十四孝圖》에는 '蘆衣諫親'으로 되어 있음.

【閔損】閔子騫. 공자 제자로 효성에 뛰어나《論語》先進篇에 "德行: 顔淵, 閔子騫, 冉伯牛, 仲弓. 言語: 宰我, 子貢. 政事: 冉有, 季路. 文學: 子游, 子夏"라 하여 그를 덕행으로 칭찬한 구절이 있음. 姓은 閔이며 이름은 損. 字는 子騫(B.C. 511~?). 孔子보다 15세 아래였음.

【後母】繼母.

【綿絮】면화의 솜. 이를 넣어 누빈 따뜻한 옷.

【妒】'妬'와 같으며 猜忌하고 妬忌함. 嫉妬함.

【蘆花】蘆는 갈대. 蘆葦. 가을 갈대 이삭이 희게 꽃과 같아 이를 蘆花라 함. 솜 대신 이를 넣어 옷을 지을 경우, 따뜻하지도 않으며 매우 불편함.

漢代 畫像磚 閔子騫 '蘆衣順母'

【御車】'御'는 '馭'와 같으며, 수레를 몲.

【失鞭】채찍을 놓침. 다른 판본에는 '鞭'이 '靮', 혹은 '紖'으로도 되어 있음.

【寒·單】일부 판본에는 이 글자의 위치가 바뀐 것도 있음.

【賢郎】어질고 똑똑한 젊은이.

【後娘】여기서는 후모, 계모를 가리킴. '霜'자와 압운을 위해 '娘'자를 쓴 것임. 다른 판본에는 '晩娘'으로 되어 있음.

【車前留母在】일부 판본에는 "父前留母在", 또는 "尊前賢母在"로 된 것도 있음.

【風霜】바람과 서리. 바람과 추위. 견뎌내기 어려운 고통이나 고생을 뜻함.

참고 및 관련 자료

1.《蒙求》(148. 閔損衣單)
舊注云: 閔損字子騫. 早喪母, 父娶後妻, 生二子. 損至孝不怠, 母疾惡之, 所生子以綿絮衣之, 損以蘆花絮. 父冬月令損御車. 體寒失靮. 父責之, 損不自理. 父察知之, 欲遣後母. 損泣啓父曰:「母在一子寒, 母去三子單.」父善之而止. 母亦悔改, 待三子平均, 遂成慈母.

2.《史記》仲尼弟子列傳
孔子曰:「孝哉閔子騫! 人不閒於其父母昆弟之言.」不仕大夫, 不食汙君之祿.

《中華二十四孝》(日本) 閔子騫 '單衣順母'

陳少梅(雲彰) 閔子騫 '蘆衣順母'

「如有復我者, 必在汶上矣.」

3.《論語》先進篇

子曰:「孝哉, 閔子騫! 人不間於其父母昆弟之言.」

4.《藝文類聚》孝

閔子騫兄弟二人, 母死, 其父更娶, 復有二子. 子騫爲其父御車, 失轡, 父持其手,
衣甚單; 父則歸, 呼其後母兒, 持其手, 衣甚厚溫. 卽謂其婦曰:「吾所以娶汝,
乃爲吾子. 今汝欺我, 去無留.」子騫前曰:「母在一子單, 母去四子寒.」其父黙然.
故曰:「孝哉! 閔子騫.」一言其母還, 再言三子溫.

5.《太平御覽》(413) 孝(中)

閔損, 字子騫, 魯人, 孔子弟子也. 以德行稱. 早失母, 後母遇之甚酷, 損事之彌謹.
損衣皆藁枲爲絮, 其子則綿纊重厚. 父使損御, 冬寒失轡, 後母子御, 則不然.
父奴詰之, 損黙然而已. 後視二子衣, 乃知其故. 將欲遣妻. 諫曰:「大人有一寒子,
猶尙垂心. 若遣母, 有二寒子也.」父感其言乃止.

6.《韓詩外傳》逸文

子騫早喪母, 父娶後妻, 生二子, 疾惡子騫, 以蘆花衣之. 父察知之, 欲逐後母. 子騫
啓曰:「母在一子寒, 母去三子單.」父善之而止. 母悔改之. 後至平均, 遂成慈母.

7.《說苑》逸文(《藝文類聚》(20)에 引用)

閔子騫兄弟二人, 母死, 其父更娶, 復有二子. 子騫爲其父御車失轡, 父持其手,
衣甚單. 父則歸呼其後母兒, 持其手, 衣甚厚溫, 卽謂其婦曰:「吾所以娶汝, 乃
爲吾子, 令汝欺我, 去, 卽無留.」子騫前曰:「母在一子單, 母去四子寒.」其父
黙然. 故曰:「孝哉閔子騫, 一言其母還, 再言三子溫.」

8. 朱熹《論語或問》의 注(吳氏說을 근거하여《韓詩外傳》을 引用)

子騫早喪母, 父娶後妻, 更生三子, 疾惡子騫, 以蘆花衣之. 父徐察之, 欲逐後母.
子騫啓曰:「母在一子寒, 母去三子單.」父善其言, 而亡. 母聞悔改, 後至均平,
率成慈母.

9. 曾慥《類說》(《韓詩外傳》인용)

閔子騫母死, 父更娶. 子騫爲父御車失轡, 父持其手, 衣甚單, 歸呼其後母兒,
持其衣甚厚. 卽謂婦曰:「吾所以汝, 乃爲吾子, 令汝欺我, 去, 無留.」子騫曰:
「母在一子單, 母去三子寒.」子曰:「『孝哉!』

10.《太平御覽》(34, 413, 891)《孝子傳》인용

閔子騫事後母,(疑有脫文), 絮騫衣以蘆花. 御車, 寒, 失靷. 父怒笞之, 後無背,
知單衣, 父乃去其妻. 騫啓父曰:「母在一子寒, 母去三子單.」

清刻本《二十四孝圖》閔子騫 '單衣順母'

清刻本《二十四孝圖說》閔損 '單衣順母'

王震《一亭居士畫二十四孝圖》(근대)
閔子騫 '單衣順母'

005(本-5) 백리부미百里負米 ·········· (周) 仲由

백 리 먼 길도 어버이를 위해
쌀을 짊어지고 온 자로

　주周나라 춘추시대 중유仲由는 자가 자로子路이다.

　집이 가난하여 늘 콩잎 죽을 먹으며 살았지만 어버이를 위해 백 리 먼 곳일지라도 쌀을 짊어지고 왔었다.

　그런데 어버이가 돌아가시고 그는 성공하여 남쪽 초楚나라로 사신이 되어 갈 때는 그를 따르는 수레가 무려 백 승乘, 봉록으로 받는 곡식도 만 종鍾으로 헤아렸으며, 자리는 겹쳐 깔고 앉을 신분에, 음식은 솥을 줄 세워 걸어놓고 진수성찬을 먹을 수 있을 정도였다.

　그러나 그는 이렇게 탄식하였다.

　"비록 콩잎 죽을 먹을지언정 어버이를 위해 백 리 먼 곳에서 쌀을 짊어지고 오고 싶으나 지금은 어버이가 계시지 않는구나!"

　시를 지어 그의 효성을 칭송하노니 다음과 같다.

　"쌀을 짊어지고 어버이에게 좋은 음식을 해드릴 수만 있다면
　백 리 먼 길인들 어찌 마다 하겠는가!
　이렇게 나는 부귀영화를 누리지만 어버이 이미 가셨으니
　그럴수록 날 기르느라 고생하신 옛 생각이 더욱 새롭구나."

清, 王素(畫) 仲由'爲親負米'

周, 仲由, 字子路, 家貧, 常食藜藿之食, 爲親負米百里之外.
親沒, 南遊於楚, 從車百乘, 積粟萬鍾, 累褥而坐, 列鼎而食.
乃嘆曰:「雖欲食藜藿, 爲親負米百里之外, 不可得也!」

有詩爲頌, 詩曰:

『負米供甘旨, 寧辭百里遙!
　身榮親已沒, 猶念舊劬勞』

任伯年"仲由負米,少時家貧,自甘藜藿,爲親負米於百里之外,旣貴而歎,雖欲爲親負米,不可得矣"

【百里負米】백 리 먼 곳에서 쌀을 지고 와서 양친을 봉양함. 다른 판본에는 이 제목이 "負米養親"(쌀을 짊어지고 와서 어버이를 봉양함)으로, 혹은 '負米百里'로도 되어 있음.

【仲由】춘추시대 공자의 제자. 자는 子路.

【藜藿】콩잎 따위의 거친 음식. 아주 가난한 자의 음식을 말함. 그러나 다른 판본에는 '黍粟'으로 되어 있으며 좁쌀과 薯(마의 일종이라 하나 확실하지는 않음)를 가리키며 이 역시 아주 거친 식량, 즉 가난한 삶을 뜻함.

子路(仲由)《三才圖會》

【楚】고대 주나라 때 남쪽 長江(揚子江) 유역에 발달했던 나라. 春秋五霸와 戰國七雄에 들었던 남쪽의 강대국.

【百乘】승은 네 필의 말을 세는 단위이며 百乘은 4백 필의 말. 매우 성대한 외교나 부귀한 신분이 되었음을 말함.

【鍾】곡식을 셈하는 단위. 원래 종지(鍾子) 크기의 도량형으로 흔히 봉록을 셈할 때 쓰이는 표현이며, 크게 성공하여 아주 많은 봉급을 받을 때 '千鍾', '萬鍾'이라 함.

【累褥】욕은 깔개. 앉을 때 깔개를 겹쳐 쌓고 앉을 정도의 대접을 받거나 높은 신분이 됨. 일부 판본에는 '累茵'으로 되어 있으며 '茵' 역시 깔개를 뜻함.

【列鼎】'鼎'은 고대 발이 셋인 솥. 흔히 좋은 음식을 뜻하는 의미로도 쓰임. 이를 줄을 세워놓고 골라 먹을 정도의 큰 대접이나 잔치를 뜻함.

【甘旨】음식의 훌륭한 맛. 좋은 음식.

【寧】'차라리 ~하리오?'의 의문부사이며 반어문의 문장을 만듦.

【辭】사양함. 거절함. "寧辭百里遙"가 다른 판본에는 "寧忘百里遙"로 되어 있음.

【沒】죽음. 돌아가시고 없음. 일부 판본에는 '歿'로 되어 있음.

先賢仲子由像《聲廟祀典圖考》

【劬勞】부모가 자식을 기르느라 온갖 고생을 함.《詩經》의 구절.

陳少梅(雲彰) 仲由‘百里負米’

徐燕孫 仲由‘百里負米’

1.《說苑》建本篇

子路曰:「負重道遠者, 不擇地而休; 家貧親老者, 不擇祿而仕. 昔者由事二親
之時, 常食藜藿之實而爲親負米百里之外, 親沒之後, 南遊於楚, 從車百乘,
積粟萬鍾, 累茵而坐, 列鼎而食, 願食藜藿負米之時不可復得也; 枯魚銜索,
幾何不蠹, 二親之壽, 忽如過隙, 草木欲長, 霜露不使, 賢者欲養, 二親不待,
故曰: 家貧親老不擇祿而仕也.」

2.《孔子家語》致思篇

子路見於孔子曰:「負重涉遠, 不擇地而休; 家貧
親老, 不擇祿而仕. 昔者, 由也事二親之時, 常食
藜藿之實, 爲親負米百里之外. 親歿之後, 南遊
於楚, 從車百乘, 積粟萬鍾, 累茵而坐, 列鼎而食,
願欲食藜藿, 爲親負米, 不可復得也. 枯魚銜索,
幾何不蠹! 二親之壽, 忽若過隙.」孔子曰:「由也
事親, 可謂生事盡力, 死事盡思者也.」

《中華二十四孝》(日) 仲由 '爲親負米'

3.《韓詩外傳》(1)

曾子仕於莒, 得粟三秉, 方是之時, 曾子重其祿而輕其身; 親沒之後, 齊迎以相,
楚迎以令尹, 晉迎以上卿. 方是之時, 曾子重其身而輕其祿. 懷其寶而迷其國者,
不可與語仁; 窘其身而約其親者, 不可與語孝; 任重道遠者, 不擇地而息;
家貧親老者, 不擇官而仕. 故君子矯褐趨時, 當務爲急. 傳云:「不逢時而仕,
任事而敦其慮, 爲之使而不入其謀, 貧焉故也.」詩云:「夙夜在公, 實命不同.」

4.《蒙求》(029. 子路負米)

《家語》: 仲由字子路. 見孔子曰:「負重涉遠, 不擇地而休, 家貧親老, 不擇祿
而仕. 昔由事二親之時, 常食藜藿之實, 爲親負米百里之外. 親沒之後, 南遊
於楚, 從車百乘, 積粟萬鍾, 累茵而坐, 列鼎而食. 願欲食藜藿, 爲親負米不可
得也.」子曰:「由也事親, 可謂生事盡力, 死事盡思者也.」

5.《小學》外篇 嘉言 廣立教

楊文公〈家訓〉曰:「童稚之學, 不止記誦, 養其良知良能, 當以先入之言爲主.
日記故事, 不拘今古, 必先以孝弟忠信禮義廉恥等事. 如黃香扇枕, 陸績懷橘,
叔敖陰德, 子路負米之類, 只如俗說, 便曉此道理, 久久成熟, 德性若自然矣.」

清刻本《二十四孝圖》仲由'爲親負米'

清刻本《二十四孝圖說》仲由'百里負米'

王震《一亭居士畫二十四孝圖》(근대)
仲由'爲親負米'

006(本-6) 매신장부賣身葬父 ·········· (漢) 董永
자신의 몸을 고용살이로 팔아
아버지 장례를 치른 동영

한漢나라 때 동영董永은 집이 가난하여 아버지가 돌아가셨는데 장례를 치를 수 없어 자신의 몸을 고용살이로 팔기로 하고 돈을 꾸어 장례를 치렀다.

그리고 그가 약속한 대로 빚을 갚을 고용살이를 가는 길이었다. 그런데 도중에 어떤 부인을 만났는데 그 여인은 동영의 아내가 되겠다고 하는 것이었다.

이들이 함께 돈을 꾸어주었던 주인집에 이르자 주인은 "비단 3백 필을 짜면 그 때에야 돌아갈 수 있도록 허락하겠다"는 것이었다.

부인은 한 달 만에 이 일을 해냈고 그들이 돌아오는 길에 함께 지난날 만났던 홰나무 그늘이 있는 곳에 이르자 그 여인은 동영을 이별하고 가 버리는 것이었다.

시를 지어 그의 효성을 칭송하노니 다음과 같다.

"돈을 꾸어 아버지 장례를 마치고 나서,
 고용살이 빚 갚으러 가는 길에 선녀를 만났네.
 비단을 짜서 주인에게 빚을 갚아주었으니,
 그 효성이 저 푸른 하늘을 감동시킨 것이었다네."

清, 王素(畫) 董永 '賣身葬父'

漢, 董永, 家貧, 父死, 賣身貸錢而葬.
及去償工, 途遇一婦, 求爲永妻.
俱至主家, 主令: 「織布三百疋, 始得歸!」
婦織一月而成, 歸至槐陰會所, 遂辭永而去.

有詩爲頌, 詩曰:

『葬父貸孔兄, 仙姬陌上逢.
　織縑償債主, 孝感動蒼穹.』

任伯年"董永，自鬻葬父，仙人爲之織縑，永漢人"

【賣身葬父】 자신의 몸을 남에게 품팔이를 하여 그 값으로 아버지 장례를
치름.

【董永】 漢나라 때의 효자.

【貸錢】 몸을 남에게 맡기고 그 값으로 돈을 꿈.

【償工】 꾸었던 돈을 자신의 노동력으로 갚음. 공은 작업이나 노동력을
뜻함.

【婦】 하늘에서 보낸 織女였으며 동영의 효성에 감동하여 대신 비단을 짜주고
떠난 것임.

【主家】 주인집. 돈을 꾸어주었던 집. 자신이 고용살이를 하기로 한 주인집.

【疋】 匹과 같음. 옷감 따위를 계산하는 단위.

【始得歸】 그제야 비로소 집으로 돌아갈 수 있음.

【槐陰】 홰나무 그늘 아래.

【會所】 지난날 만났던 장소.

【孔兄】 銅錢을 뜻함. 孔方이라고도 하며 고대 동전은 둥근 테두리에 중앙에
네모진 구멍이 있어 이렇게 부른 것임.

【仙姬】 선녀. 신선의 여자가 사람으로 변하여 동영에게 나타난 것.

【陌上】 길 가. 전혀 모르는 사람들이 오가는 길.

【織縑】 일부 판본에는 '織布'로 되어 있음.

【蒼穹】 푸른 하늘.

【詩】 다른 판본에는 "葬父將身賣, 仙姬陌上迎. 織縑償債主, 孝感動天庭"으로
되어 있어 押韻이 다름.

〈董永侍父像〉漢, 畫像磚 四川 渠縣 出土

陳少梅(雲彰) 董永 '賣身葬父'

徐燕孫 董永 '賣身葬父'

1. 《搜神記》(1)

漢董永, 千乘人. 少偏孤, 與父居. 肆力田畝, 鹿車載自隨. 父亡, 無以葬, 乃自
賣爲奴, 以供喪事. 主人知其賢, 與錢一萬,
遣之. 永行三年喪畢, 欲還主人, 供其奴職.
道逢一婦人, 曰:「願爲之妻」遂與之俱. 主人
謂永曰:「以錢與君矣.」永曰:「蒙君之惠,
父喪收藏. 永雖小人, 必欲服勤致力, 以報
厚德」主人曰:「婦人何能?」永曰:「能織.」
主曰:「必爾者, 但令君妻爲我織縑百疋.」
於是永妻爲主人家織, 十日而畢. 女出門,
謂永曰:「我, 天之織女也. 緣君至孝, 天帝令
我助君償債耳.」語畢, 凌空而去, 不知所在.

宋元代 畫像磚 董永 ‘賣身葬父’

2. 《太平廣記》(59) 董永妻

董永父亡, 無以葬. 乃自賣爲奴, 主知其賢, 與錢千萬, 遣之. 永行三年喪畢, 欲還
詣主, 供其奴職. 道逢一婦人曰:「願爲子妻」遂與之俱. 主謂永曰:「以錢丐
君矣.」永曰:「蒙君之恩, 父喪收藏, 永雖小人, 必欲服勤致力, 以報厚德.」
主曰:「婦人何能?」永曰:「能織.」主曰:「必爾者. 但令君婦爲我織縑百匹.」
於是永妻爲主人家織. 十日而百匹具焉.(《搜神記》)

3. 《法苑珠林》(62)

董永者(鄭緝之孝子感傳曰永是千乘人), 少
偏孤. 與父居. 乃肆力田畝, 鹿車載父自隨.
父終, 自賣於富公, 以供喪事. 道逢一女,
呼與語云:「願爲君妻」遂俱至富公, 富公曰:
「女爲誰?」答曰:「永妻, 欲助償債」公曰:
「汝織三百疋, 遣汝.」一旬乃畢. 女出門,
謂永曰:「我, 天女也. 天令我助子償人債耳.」
語畢, 忽然不知所在.(劉向《孝子傳》)

宋元代 畫像磚 董永 ‘賣身葬父’

4. 《蒙求》(136. 董永自賣)

舊注云: 漢, 董永少失母養父, 家貧傭力. 至農月, 以小車推父, 置田頭陰樹下
而營農作. 父死, 就主人貸錢一萬, 約賣身爲奴, 遂得錢葬父. 還於路忽遇婦人.

清刻本《二十四孝圖》董永 '賣身葬父'

清刻本《二十四孝圖說》董永 '賣身葬父'

王震《一亭居士畫二十四孝圖》(근대)
董永 '賣身葬父'

姿容端美, 求爲永妻. 永與俱詣主人. 令永妻織縑:「三百匹放汝夫妻」乃織一月而畢. 主人怪其速, 遂放之. 相隨至舊相遇處, 辭永曰:「我天之織女也. 緣君至孝, 天帝令助君償債」言訖凌空而去.

5.《太平御覽》(411) 孝感

劉向《孝子圖》曰: 前漢董永千乘人, 少失母, 獨養父. 父亡, 無以葬, 乃從人貸錢一萬, 永謂錢主曰:「後若無錢還, 君當以身作奴.」主甚愍之, 永得錢, 葬父畢, 將往爲奴. 於路忽逢一婦人, 求爲永妻. 永曰:「今貧若是, 身復爲奴, 何敢屈夫人之爲妻?」婦人曰:「願爲君婦, 不恥貧賤」永遂將婦人至錢主, 曰:「本言一人, 今何有二?」永曰:「言一得二, 理何乖乎?」主問永妻曰:「何能?」妻曰:「能織耳.」主曰:「爲我織千疋絹, 即放爾夫!」妻於是索絲, 十日之內, 千疋絹足. 主驚, 遂放夫婦. 二人而去, 行至本相逢處, 乃謂永曰:「我是天之織女, 感君至孝, 天使我償之. 今君事了, 不得久停.」語訖, 雲霧四垂, 忽飛而去.

6.

동영의 이 고사는 일찍이《董永變文》, 그리고 역대 이래 소설, 희곡 등으로 각색되어 널리 퍼졌음. 즉 淸平山堂話本의《董永遇仙記》, 宋元 때의 南戲《董永才遇仙記》, 明代 顧覺宇의《織錦記》, 淸代 傳奇《賣身記》등이 있으며 1950년대 중국에서는《天仙配》라는 유명한 영화로도 제작되었음.

금대 磚雕 '董永과 天女'

《中華二十四孝》삽화(日) 董永 '賣身葬父'

007(本-7) 녹유봉친鹿乳奉親 ………… (周) 郯子
사슴 젖을 먹이며 어버이를 모신 담자

　주周나라 때 담자郯子는 성품이 지극히 효성스러웠다. 부모는 늙어 모두가 눈에 병이 생겨 제대로 보지 못하였는데 사슴의 젖을 먹고 싶다는 것이었다.

　담자는 이에 사슴 무늬의 옷을 입고 깊은 산 속으로 가서 사슴의 무리 속에 들어가 사슴 젖을 짜서 어버이를 봉양하고자 하였다.

　그런데 사냥꾼이 이를 보고 사슴인 줄 여겨 막 활을 당길 참이었다. 담자는 사실대로 사정을 일러주고 나서야 비로소 화를 면할 수 있었다.

　시를 지어 그의 효성을 칭송하노니 다음과 같다.

"늙으신 어버이 사슴 젖을 잡숫고 싶어하자,
　사슴 무늬 옷을 걸치고 사슴 무리에 들어섰네.
　만약 큰 소리로 사정을 말하지 않았다면,
　자칫 화살 맞은 몸으로 돌아올 뻔하였다네."

清, 王素(畫) 周郯子'鹿乳奉親'

周, 郯子, 性至孝, 父母年老, 俱患雙目, 思食鹿乳.
郯子乃衣鹿皮, 往深山, 入群鹿之中, 取鹿乳供親.
獵者見而欲射之. 郯子具以情告, 乃免.

有詩爲頌, 詩曰:

『親老思鹿乳, 身穿褐毛衣.
　若不高聲語, 山中帶箭歸.』

任伯年"郯子, 馴鹿求乳, 郯子周人"

【鹿乳奉親】 사슴의 젖으로 어버이를 봉양함.

【周】 여기서는 東周의 춘추시대를 뜻함.

【郯子】 郯은 지명. 지금의 山東省에 있던 작은 나라 이름. 郯子는 郯國의 제후. 子는 고대 다섯 등급의 작위(公侯伯子男) 중에 네 번째에 해당함. 구체적으로 그 사람의 이름이나 사적은 알 수 없음.

【雙目】 두 눈에 眼疾이 생겨 사물을 제대로 볼 수 없음.

【獵者】 사냥꾼.

【穿】 '옷을 입다'의 동사. 다른 판본에는 '挂'(걸치다)로 되어 있음.

【褐毛衣】 褐色의 모의, 여기서는 사슴 무늬를 넣은 옷, 혹은 사슴가죽으로 만든 옷을 말함. "身穿褐毛衣"가 다른 판본에는 "身挂鹿毛衣"로 되어 있음.

【帶箭歸】 몸에 화살을 맞은 채 돌아옴. 큰 화를 당할 뻔하였음을 말함.

《中華二十四孝》 삽화(日) 郯子 '鹿乳奉親'

陳少梅(雲彰) 郯子‘鹿乳奉親’

徐燕孫 郯子‘鹿乳奉親’

1. 이 고사는 중국 고전의 다른 기록이나 출전을 찾을 수 없으며 도리어 불경《六度集經》,《雜寶藏經》,《불설섬자경 (佛說睒子經)》 등에 실려 있어 이 내용이 중국으로 전해지면서 演化된 것으로 보고 있음.

宋元代 畫像磚 郯子 '鹿乳奉親'

2.《佛說睒子經》에 실려 있는 섬자(睒子)가 눈 먼 부모를 효성으로 모신 고사를 말함. 내용은 "부처가 옛날 毗羅勒國에서 여러 비구들에게 이렇게 설법하였다. 과거 무수겁 년 전, 迦夷國에 한 長者가 있었는데 부부가 모두 장님이었다. 그 아들 睒子는 나이 열 살에 효성이 지극하여 온갖 선한 일을 실행하며 無上法을 얻기를 염원하였다. 그리하여 부모를 모시고 산중으로 들어가 초막을 짓고 정성을 다해 모셨다. 어느 날 양친이 목이 말라 하는 것을 보고 물을 길러 갔다가 그만 사냥 나온 가이왕이 이를 잘못 알고 활을 쏘아 생명이 끊어 지게 되었다. 부모는 하늘을 향해 울부 짖었다. 그러자 天帝釋께서 그의 효성에 감동하여 그를 구해 살려주었으며 이로써 많은 이들이 그의 효성을 본받게 되었다.

宋元代 畫像磚 郯子 '鹿乳奉親'

부처는 비구들에게 이렇게 말하였다. '그 때의 섬자가 바로 내 육신이었다.'"

3.《洛陽伽藍記》聞義里

阿周陀窟及閃子供養盲父母處, 皆有塔記. 山中有昔五百羅漢牀, 南北兩行相 向坐處, 其次第相對. (睒子가 閃子로 되어 있음.)

清刻本《二十四孝圖》郯子 '鹿乳奉親'

清刻本《二十四孝圖說》郯子 '鹿乳奉親'

王震《一亭居士畫二十四孝圖》(근대)
郯子 '鹿乳奉親'

008(本-8) 행용공모行傭供母 ·········· (後漢) 江革

떠돌이 고용살이로
어머니를 봉양한 강혁

후한後漢 때 강혁江革은 어려서 아버지를 잃고 홀로 어머니를 모시고 살았다. 그런데 난을 만나 어머니를 등에 업고 피난을 다니면서 자주 도적들을 만나게 되었다. 도적들이 혹 그를 잡아 끌고 가려 할 때면 강혁은 문득 울면서 늙으신 어머니가 계심을 하소연하여 도적들도 차마 그를 죽이지 못하였다.

떠돌이로 사방을 헤매다가 하비下邳 땅에 이르러 가난이 찌들려 벌거 벗은 몸에 맨발이었지만 그는 남의 고용살이로 어머니를 모시면서도 어머니에게 필요한 물건이라면 어느 것 하나 갖추어 드리지 않는 것이 없었다.

시를 지어 그의 효성을 칭송하노니 다음과 같다.

"어머니를 업고 떠돈 위험한 피난살이,
　막힌 길에서 도적도 자주 만났지.
　슬프게 하소연하고 나서야 비로소 풀려나서는
　품팔이 고용살이로 어머니를 모셨다네."

清, 王素(畫) 江革 '行傭供母'

後漢, 江革, 少喪父, 獨與母居, 遭亂, 負母逃難, 數遇賊,
或欲劫之去.

革輒泣告有老母在, 賊不忍殺.

轉客下邳, 貧窮裸跣, 行傭以供母, 母便身之物, 莫不
畢給.

有詩爲頌, 詩曰:

『負母逃危難, 窮途賊犯頻.
　告哀方獲免, 傭力以供親.』

任伯年 "江革, 負母避兵, 革後漢人"

【行傭供母】 고용살이를 하며 어머니를 모심. 《新編二十四孝圖》에는 '行傭孝母'로 되어 있음.

【後漢】 東漢과 같음. 光武帝 劉秀가 新莽을 무너뜨리고 洛陽에 도읍을 정하여 劉氏王朝를 다시 일으킨 것.

【江革】 後漢 初의 孝子. 자는 次翁. 臨淄 사람. 뒤에 司空長史의 벼슬을 지냄. 《後漢書》에 전이 있음.

【遭亂】 난을 만남. 西漢 말 王莽의 新나라 건국으로 인한 천하의 대란을 의미함.

【逃難】 재난을 피해 도망을 다님.

《中華二十四孝》 삽화(日) 江革 '行傭供母'

【數】 '삭'으로 읽으며 '자주, 잦다'의 뜻.

【遇賊】 賊盜들을 만남. 賊은 盜賊이나 난을 일으킨 병사들을 의미함.

【劫之去】 강제로 이를 자신의 무리로 데려가 함께 賊徒를 만들거나 부리고자 함. 다른 판본에는 '劫將去'로 되어 있음.

【轉客】 이리저리 流轉하는 나그네. 정처 없이 사방을 떠돌며 고생을 함.

【下邳】 지명. 縣 이름. 지금의 江蘇省 睢寧縣.

【裸跣】 옷이 없어 벌거벗은 모습이며 신이 없어 맨발로 생활함.

【行傭】 이 집 저 집 떠돌며 고용살이를 함.

【便身之物】 어머니를 편하게 해드릴 수 있는 일상의 모든 물품. 일부 판본에는 '使身之物'로 잘못 표기되어 있음.

【畢給】 모두 갖추어 공급해 드림.

【詩】 다른 판본에는 "負母逃危難, 窮途犯賊頻. '哀求俱獲免, 傭力以供親'으로 되어 있음.

陳少梅(雲彰) 江革'行傭供母'

徐燕孫 江革'行傭供母'

1. 《後漢書》(39) 江革傳

江革字次翁, 齊國臨淄人也. 少失父, 獨與母居. 遭天下亂, 盜賊並起, 革負
母逃難, 備經阻險, 常採拾以爲養. 數遇賊, 或劫欲將去, 革輒涕泣求哀, 言有
老母, 辭氣愿款, 有足感動人者. 賊以是不忍犯之, 或乃指避兵之方, 遂得俱全
於難. 革轉客下邳, 窮貧裸跣, 行傭以供母, 便身之物, 莫不必給. 建武末年,
與母歸鄉里. 每至歲時, 縣當案比, 革以母老, 不欲搖動, 自在轅中輓事, 不用
牛馬, 由是鄉里稱之曰「江巨孝」. 太守嘗備禮召, 革以母老不應. 及母終, 至性
殆滅, 嘗寢伏冢廬, 服竟, 不忍除. 郡守遣丞掾釋服, 因請以爲吏.

2. 《蒙求》(030. 江革巨孝)

後漢, 江革字次翁, 齊國臨淄人. 少失父, 獨與母居. 遭亂負母逃難, 備歷阻險,
常採拾以爲養. 數遇賊, 或劫欲將去, 革輒涕泣言有老母. 辭氣愿款, 有足感動
人者, 賊不忍犯之. 革轉客下邳, 窮貧, 裸跣行傭以供母. 建武末, 與母歸鄉里.
至歲時, 縣當案比, 革以母老不欲搖動, 自在轅中輓車, 不用牛馬. 由是鄉里稱
江巨孝. 及母終, 舉賢良方正, 遷司空長史. 肅宗崇禮之, 拜諫議大夫, 賜告歸,
因謝病. 常以八月長史存問, 致羊酒, 以終厥身. 巨孝之稱行於天下. 舊本: '巨'
作'忠', 非.

3. 《小學》外篇 善行 實明倫

江革, 少失父, 獨與母居. 遭天下亂, 盜賊並起. 革負母逃難, 備經險阻, 常採
拾以爲養, 數遇賊, 或劫欲將去, 革輒涕泣求哀, 言有老母, 辭氣愿款, 有足感
動人者, 賊以是不忍犯之. 或乃指避兵之方, 遂得俱全. 轉客下邳, 貧窮裸跣,
行傭以供母, 便身之物, 莫不畢給.

4. 司馬光 《家範》(4) 子上篇

漢諫議大夫江革, 少失父, 獨與母居. 遭天下亂, 盜賊並起. 革負母逃難, 備經
險阻, 常採拾以爲養, 遂得俱全. 於難革轉客下邳, 貧窮裸跣, 行傭以供母,
便身之物, 莫不畢給. 建武末年, 與母歸鄉里, 每至歲時, 縣當案比, 革以老母
不欲搖動, 自在轅中輓車, 不用牛馬. 由是鄉里稱之曰「江巨孝」.

清刻本《二十四孝圖》江革'行傭供母'

清刻本《二十四孝圖說》江革'行傭供母'

王震《一亭居士畫二十四孝圖》(근대)
江革'行傭供母'

009(本-9) 회귤유친懷橘遺親 ·············· (後漢) 陸績
어머니께 드리려 귤을 소매에 품은 육적

후한後漢의 육적陸績은 자가 공기公紀였다. 여섯 살 때 구강九江이라는 곳까지 가서 마침 원술袁術을 예방하게 되었을 때, 원술은 그에게 귤을 내놓아 대접하였다.

육적은 그 귤 가운데 두 개를 품에 품었는데 마침 무릎을 꿇고 떠날 인사를 할 때 그만 품었던 그 귤이 땅에 떨어져 구르고 마는 것이었다.

원술은 의아히 여겨 이렇게 물었다.

"육랑陸郎같은 훌륭한 소년이 손님의 신분으로 어찌 귤을 몰래 품었는가?"

육적은 무릎을 꿇고 이렇게 대답하였다.

"저의 어머니께서 귤을 무척 좋아하십니다. 가져가 어머님께 드리려 한 것입니다."

원술은 그를 매우 기특하게 여겼다.

시를 지어 그의 효성을 칭송하노니 다음과 같다.

"효성과 우애는 모두가 천성에서 나온다지만,
 인간 세상에 겨우 여섯 살짜리가
 소매에 몰래 귤을 품고는
 젖 먹여 길러주신 어머니의 은혜를 갚겠다고 하다니."

陸
績
懷
橘
遺
母
十五

清，王素(畫) 陸績'懷橘遺母'

後漢, 陸績, 字公紀, 六歲時, 到九江拜見袁術, 術出橘
待之.

績懷橘二枚, 及跪, 拜辭, 墮地.

術曰:「陸郎作賓客而懷橘乎?」

績跪答曰:「吾母性之所愛, 欲歸以遺母」

術大奇之.

有詩爲頌, 詩曰:

『孝悌皆天性, 人間六歲兒.
　袖中懷橘實, 遺母報乳哺.』

陸績

後漢吳人袁紹席上懷橘
歸以遺母稚子如斯得名時年方六歲也

丙寅歲山陰任頤心樓寫於甬江客次

任伯年"陸績，後漢吳人，袁紹(術)席上懷橘，歸以遺母，遂得名，時年方六歲也"

【懷橘遺親】 귤을 옷안에 품고 이를 어버이에게 가져다 주고자 함. 삼국시대 袁術이 어린 陸績을 만나 귤을 주자 이를 어머니께 가져다 드리겠다고 품에 품은 고사. 우리나라에서는 '橘'을 '柚子'로 여겨 이 고사를 인용한 것이 많음.

宋元代 畫像磚 陸績 '懷橘遺親'

【陸績】 자는 公紀(186~219). 그의 아버지 陸康은 한말 廬江太守를 지냈음. 육적은 박학다식하여 천문, 律曆과 算術에 밝았음. 孫權이 奏曹掾을 삼았으며 뒤에 鬱林太守를 지냄.《三國志》(57) 吳書에 전이 있음.

【九江】 지명, 지금의 江西省 九江市.

【袁術】 자는 公路(?~199). 袁逢의 아들이며 袁紹의 사촌동생. 後漢 汝南 汝陽 사람. 河南尹과 虎賁中郎將을 역임함. 董卓이 전권을 휘두르자 南陽으로 도망하여 長沙太守 孫堅의 도움으로 그 땅을 점거함. 袁紹와 사이가 멀어져 원소와 曹操의 군사에게 패하여 다시 揚州로 달아나 獻帝 建安 2년, 壽春에서 稱帝하고 호를 仲家라 함. 사치를 부리며 포악하게 굴다가 뒤에 曹操에게 패하여 병사함.《後漢書》(105)와《三國志》魏志(6)에 전이 있음.

【枚】 귤을 세는 단위. 혹은 귤 2개를 뜻함.

【及跪】 돌아갈 인사를 올리기 위해 꿇어앉음. 그러나 다른 판본에는 '及歸'로 되어 있음.

【墮地】 땅에 떨어뜨림.

【陸郎】 어린 아이이지만 그에게 상처를 주지 않기 위해 '陸郎'이라 부른 것.

【遺母】 어머니에게 드림.

【孝悌】 부모에 대한 효성과 동기간의 우애.

【人間】 사람이 사는 세상. 사람들 사이.

宋元代 畫像磚 陸績 '懷橘遺親'

【袖】 소매.

【橘實】 귤의 열매. 그러나 일부 판본에는 '綠橘'로 되어 있음..

【乳哺】 젖을 먹여 길러준 어머니의 은혜. 그러나 일부 판본에는 '深慈'로 되어 있음.

【詩】 다른 판본에는 "孝弟皆天性, 時年六歲兒. 袖中懷赤橘, 遺母報乳哺"로 되어 있음.

陳少梅(雲彰) 陸績'懷橘遺親'

徐燕孫 陸績'懷橘遺親'

1.《三國志》(57) 吳志 陸績傳.

陸績字公紀, 吳郡吳人也. 父康, 漢末爲廬江太守. 績年六歲, 於九江見袁術. 術出橘, 績懷三枚, 去, 拜辭墮地, 術謂曰:「陸郎作賓客而懷橘乎?」績跪答曰:「欲歸遺母.」術大奇之. ……績容貌雄壯, 博學多識, 星歷算數, 無不該覽. 孫權統事, 辟爲奏曹掾, 以直道見憚. 出爲鬱林太守, 加偏將軍, 給兵二千人. 績旣有躄疾, 又意在儒雅, 非其志也. 雖有軍事, 著述不廢. 作〈渾天圖〉, 注《易》釋玄, 皆傳於世.

2. 陸績懷橘《蒙求》(070. 陸績懷橘)

《吳志》: 陸績字公紀, 吳人. 年六歲, 於九江見袁術. 術出橘, 績懷三枚, 去, 拜辭墮地. 術謂曰:「陸郎作賓客而懷橘乎?」績跪曰:「欲歸遺母.」術大奇之. 績博學多識, 星歷算數, 無不該覽. 孫權辟爲掾, 以直道見憚. 出爲鬱林太守, 加偏將軍. 績意在儒雅, 非其志也. 雖有軍事, 著述不廢. 作〈渾天圖〉, 注《易》釋玄, 皆傳於世.

《中華二十四孝》삽화(日) 陸績 '懷橘遺親'

3.《小學》外篇 嘉言 廣立教

楊文公〈家訓〉曰:「童稚之學, 不止記誦, 養其良知良能, 當以先入之言爲主. 日記故事, 不拘今古, 必先以孝弟忠信禮義廉恥等事. 如黃香扇枕, 陸績懷橘, 叔敖陰德, 子路負米之類, 只如俗說, 便曉此道理, 久久成熟, 德性若自然矣.」

4. 朴仁老(조선)〈早紅柿歌〉

반중(盤中) 조홍(早紅) 감이 고아도 보이ᄂ다.

유자(柚子)ㅣ 아니라도 품엄 즉 ᄒ다마ᄂ

품어가 반기 리 업슬시 글로 셜워 ᄒ노라.

清刻本《二十四孝圖》陸績 '懷橘遺親'

清刻本《二十四孝圖說》陸績 '懷橘遺親'

王震《一亭居士畫二十四孝圖》(근대)
陸績 '懷橘遺親'

010(本-10) 유고불태乳姑不怠 ………… (唐) 唐夫人
시어머니에게
자신의 젖을 먹여 봉양한 당부인

당唐나라 때 최산남崔山南의 증조모 장손부인長孫夫人은 나이가 높아 이가 다 빠지고 없었다.

이에 최산남의 할머니 당부인唐夫人은 매일 머리 빗고 세수하고는 장손 부인의 방에 올라 시어머니에게 자신의 젖을 먹여드렸다.

이리하여 시어머니는 곡류는 전혀 먹지 않은 채 몇 년을 건강하게 살 수 있었다. 그러던 어느 날 병이 들어 집안 식구가 다 모인 자리에서 장손부인은 이렇게 선언하였다.

"이 며느리의 은혜를 갚을 길이 없구나. 원컨대 앞으로 자손들의 며느리들은 이처럼 효도와 공경을 다 하는 자들이었으면 족하겠다."

이에 시를 지어 그 효성을 칭송하노니 다음과 같다.

"효성과 공경을 다한 최씨 집안 며느리,
  아침마다 세수하고 머리 빗고 시어머니께 젖을 먹여드렸네.
  이러한 은혜 갚을 길이 없으나
  다만 자손들이 이와 같은 며느리를 얻었으면 하는 것일세."

清，王素(畫) 唐夫人 '乳姑不怠'

唐, 崔山南曾祖母長孫夫人, 年高無齒.

祖母唐夫人, 每日櫛洗, 升堂乳其姑.

姑不粒食, 數年而康.

一日病, 長幼咸集.

乃宣言曰:「無以報新婦恩. 願子孫婦, 如新婦之孝敬
足矣」

有詩爲頌, 詩曰:

　『孝敬崔家婦, 乳姑晨盥梳.
　　此恩無以報, 願得子孫如』

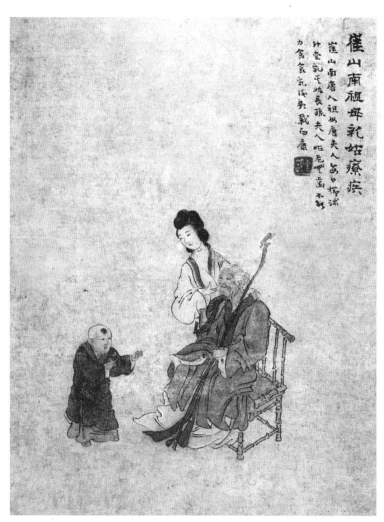

任伯年"崔山南祖母乳姑療疾，崔山南，唐人，祖母唐夫人每日櫛沐升堂乳其姑長孫夫人，姑老無齒，不能力食，食乳後數載而康"

【乳姑不怠】 시어머니에게 젖을 먹이기를 태만히 하지 않음. ‘姑’는 시어머니를 일컫는 말.

【崔山南】 일부 판본에 ‘崔南山’으로 되어 있으나 이는 오기임. 崔山南은 唐나라 때 崔琯(?~843, 845). 자는 從律. 河北 博陵 사람으로 崔頲의 아들. 德宗 때 進士에 올라 給事中 등을 거쳐 山南西道節度使를 지내어 崔山南이라 부른 것임. 《舊唐書》(177)와 《新唐書》(182) 崔琪傳에 그의 전이 함께 실려 있음.

【長孫夫人】 장손은 複姓. 원래 北魏 拓拔氏(元氏)에게서 유래됨. 孝武帝(元修, 拓拔修)가 자신의 아들에게 長孫氏의 성을 하사하여 이 성씨의 기원이 됨. 崔山南의 曾祖母.

【無齒】 늙어 이가 모두 빠져 음식을 씹어먹을 수가 없음.

【唐夫人】 崔琯(崔山南)의 조모이며 장손부인의 며느리. 장손부인이 그를 ‘新婦’라 불렀음.

【櫛洗】 머리를 빗고 세수를 함.

【升堂】 시어머니가 계신 방으로 들어감.

【長幼】 어른과 어린이. 집안 식구 모두를 가리킴.

【子孫婦】 후대 자손들이 맞이하여 살게 될 며느리들.

【盥梳】 관(盥)은 세숫대야. 소(梳)는 빗. 세수하고 빗질을 함. 일부 판본에는 ‘盥洗’로 되어 이음.

【願得子孫如】 다른 판본에는 “但願子孫如”로 되어 있음.

《中華二十四孝》삽화(日) 唐夫人 '乳姑不怠'

陳少梅(雲彰) 唐夫人 '乳姑不怠'

1.《舊唐書》(177) 崔珙傳

崔珙, 博陵安平人. 父頲, 有子八人, 皆至達官, 時人比漢之荀氏, 號曰「八龍」. 長曰琯, 貞元十八年進士擢第. 會昌中, ……充山南西道節度使. 以弟珙罷相貶官, 琯亦罷鎭歸東都, 五年卒.

2.《新唐書》(182) 崔珙傳

崔珙, 其先博陵人. 父頲, 官同州刺史, 生八子, 皆有才, 世以擬漢荀氏「八龍」. 珙爲人有威重, 精吏治, 以拔萃異等, 累擢至泗州刺史. ……琯字從律, 珙兄. 舉進士, 賢良方正, 皆高第. ……會昌中, 終山南西道節度使, 贈尙書左僕射.

3.《小學》外篇 善行 實明倫

柳玭曰:「崔山南, 昆弟子孫之盛, 鄕族罕比. 山南曾祖王母長孫夫人, 年高無齒, 祖母唐夫人, 事姑孝, 每旦櫛縰笄, 拜於階下, 卽升堂乳其姑. 長孫夫人, 不粒食數年而康寧. 一日疾病, 長幼咸萃, 宣言:「無以報新婦恩, 願新婦有子有孫, 皆得如新婦孝敬, 則崔之門, 安得不昌大乎?」

4. 唐 柳玭의《戒子孫》에도 실려 있음.

清刻本《二十四孝圖》唐夫人 '乳姑不怠'

清刻本《二十四孝圖說》唐夫人 '乳姑不怠'

王震《一亭居士畵二十四孝圖》(근대)
唐夫人 '乳姑不怠'

011(本-11) 자문포혈恣蚊飽血 ·········· (西晉) 吳猛

어버이를 위해 모기가
자신의 몸만 물도록 참아낸 오맹

진晉나라 때 오맹吳猛은 나이 여덟 살에 어버이를 지극한 효성으로
모셨다. 집이 가난하여 침상에 모기를 막을 휘장을 칠 수가 없었다.

매번 여름밤이면 모기들이 달려들어 살갗을 물었으나 그는 모기들이
자신의 기름과 피를 실컷 먹도록 내버려두는 것이었다. 비록 모기가 아무리
많이 달라붙어도 전혀 쫓을 생각을 아니하였다.

그는 다만 그 모기들이 자신을 떠나 어버이에게로 가서 그들을 물까
걱정할 뿐이었으니 어버이를 사랑하는 심정이 이처럼 지극했던 것이다.

시를 지어 그의 효성을 칭송하노니 다음과 같다.

"여름밤 모기장도 없는데,
　모기들이 아무리 달려들어도 감히 쫓지를 않았다니.
　실컷 배불리 자신의 피를 빨도록 내버려 둔 것은
　어버이 잠자리로 가지 못하도록 하기 위함이었지."

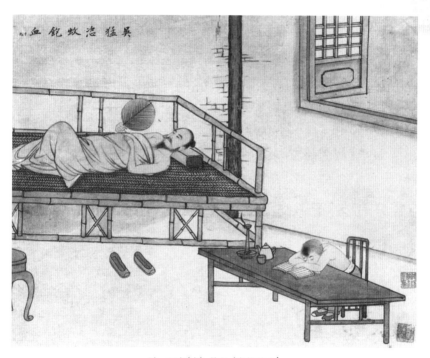

清，王素(畫) 吳猛 '恣蚊飽血'

晉, 吳猛, 年八歲, 事親至孝, 家貧, 榻無帷帳.
每夏夜, 蚊多嘬膚, 恣渠膏血之飽, 雖多, 不驅之.
恐其去己而噬其親也, 愛親之心至矣.

有詩爲頌, 詩曰:

『夏夜無帷帳, 蚊多不敢揮.
　恣渠膏血飽, 免使入親幃』

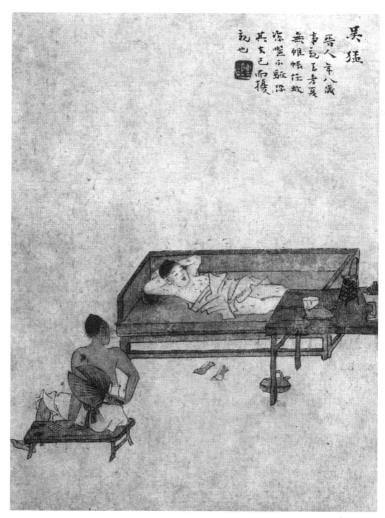

任伯年"吳猛，晉人，年八歲，事親至孝，夏無帷帳，任蚊恣噬不驅，恐其去己，而擾親也"

【恣蚊飽血】'모기가 마음대로 자신의 피를 빨아먹도록 내버려두다'의 뜻. '恣'는 '제멋대로 하다'의 뜻.

【晉】중국 왕조 이름. 삼국의 위(魏)나라를 이어 사마염(司馬炎)이 낙양(洛陽)을 도읍으로 하여 세운 나라. 이를 西晉(265~317)이라 하며 4대 황제를 지나 민제(愍帝) 때 영가(永嘉)의 난으로 남쪽 건강(建康, 지금의 南京)으로 피하여 다시 나라를 세웠으며 이를 東晉(317~420)이라 함.

【吳猛】東晉의 豫章 사람. 8세 때 입학하여 아직 《孝經》을 익히기도 전에 부모님을 모시는 도리를 터득했다 하며 나이 40에 득도하여 羽扇을 타고 물을 건널 수 있었다 함. 《晉書》(95) 藝術傳에 전이 실려 있음.

【榻】돗자리. 침상.

【帷帳】모기 등을 막기 위해 침상 둘레에 친 장막. 여기서는 모기장을 말함.

【嚌膚】피부를 파고 듦. 모기가 사람 피부에 덤벼들어 피를 빨아먹음. '嚌'은 '潛'으로 잘못 표기된 판본도 있으며 또한 '攢膚'로 표기된 판본도 있음.

【恣渠】마음대로 하도록 내버려둠. 모기가 자신의 피를 마음대로 빨아먹도록 참고 그대로 있음.

【膏血】피부의 기름과 피.

【噆】피를 빨아먹음.

【揮】손을 휘저어 모기를 쫓음.

【幃】역시 휘장. 帷帳과 같음. 앞의 '揮'와 압운을 위해 이 글자를 쓴 것이며 일부 판본에는 '闈'로 표기된 것도 있음.

┌─────────────────────┐
│ 참고 및 관련 자료 │
└─────────────────────┘

1. 《晉書》(95) 藝術傳(吳猛)

吳猛, 豫章人也. 少有孝行, 夏日常手不驅蚊, 懼其去己而噆親也. 年四十, 邑人丁義始授其神方. 因還豫章, 江波甚急, 猛不假舟楫, 以白羽扇畫水而渡, 觀者異之. 庾亮爲江州刺史, 嘗遇疾, 聞猛神異, 乃迎之, 問己疾何如. 猛辭以算盡, 請具棺服. 旬日而死, 形狀如生. 未及大斂, 遂失其尸. 識者以爲亮不祥之徵. 亮疾果不起.

2. 《續搜神記》(搜神後記)

吳猛性至孝, 小兒時, 在父母邊臥. 時夏月, 多蚊虻, 而終不搖扇, 云:「懼蚊虻

《中華二十四孝》삽화(日) 吳猛 '恣蚊飽血'

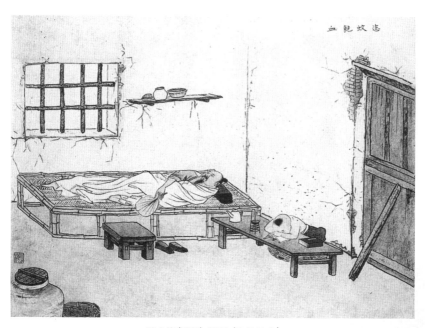

陳少梅(雲彰) 吳猛 '恣蚊飽血'

去我及父母.」父母終, 行服墓次. 蜀賊縱暴, 焚燒邑屋, 發掘丘隴, 民人逃竄.
猛在墓側, 號慟不去, 賊爲之感愴, 遂不犯.

3.《藝文類聚》孝

《續搜神記》曰: 吳猛性至孝, 小兒時, 在父母邊臥. 時夏月, 多蚊虻, 而終不搖扇,
云:「懼蚊虻去我及父母」. 父母終, 行服墓次. 蜀賊縱暴, 焚燒邑屋, 發掘丘隴,
民人逃竄. 猛在墓側, 號慟不去, 賊爲之感愴, 遂不犯.

4.《搜神記》(1)

吳猛, 濮陽人. 仕吳, 爲西安令. 因家分寧. 性至孝. 遇至人丁義, 授以神方. 又得
祕法神符, 道術大行. 嘗見大風, 書符擲屋上, 有青鳥銜去, 風卽止. 或問其故,
曰:「南湖有舟, 遇此風, 道士求救」. 驗之果然. 西安令干慶, 死已三日. 猛曰:
「數未盡, 當訴之于天.」遂臥屍旁. 數日, 與令俱起. 後將弟子回豫章, 江水大急,
人不得渡. 猛乃以手中白羽扇畫江水, 橫流, 遂成陸路, 徐行而過. 過訖, 水復.
觀者駭異. 嘗守潯陽, 參軍周家有狂風暴起, 猛卽書符擲屋上, 須臾風靜.

5.《北堂書鈔》(103) 符

『吳猛字世雲, 有道術, 嘗守潯陽參軍, 周家有狂風暴起, 猛卽書符擲著屋上, 須臾
風靜. 人問之, 答云:「西湖有遭此風者, 跪道福食, 呼天求救, 故以止風.」』

6.《太平廣記》(14)

『吳眞君名猛, 字世雲, 家於豫章武寧縣. 七歲, 事父母以孝聞, 夏寢臥不驅蚊蚋,
蓋恐其去而噬其親也. 及長, 事南海太守鮑靖, 因語至道, 將遊鍾陵, 江波浩淼,
猛不假舟楫, 以白羽扇畫水而渡, 觀者奇之. 猛有道術, 忽一日狂風暴起, 猛乃
書符擲于屋上, 有一青鳥銜符而去. 須臾風定, 人或問之, 答曰:「南湖有遭此
風者, 其中二道人呼天求救, 故以此拯焉」. 後人訪尋, 果如所述. 時武寧縣令干
慶死, 三日未殯, 猛往哭之, 因云:「令長固未合死, 今吾當爲上天訟之.」猛遂
臥慶屍旁, 數日俱還. 時方盛暑, 屍柩壞爛, 其魂惡, 不欲復入, 猛强排之, 乃復
重蘇. 慶弟晉著作郎寶, 感其兄及覩亡父殉妾復生, 因撰《搜神記》, 備行于世.
猛後於西平乘白鹿寶車, 冲虛而去.』《十二眞君傳》)

7.《搜神記》逸文

吳猛, 蜀人. 小兒時, 在父母旁臥, 時夏月多蚊, 而終不搖扇. 懼蚊虻之去我
及父母也.

8.《搜神後記》(2)

吳舍人名猛, 字世云, 有道術. 同縣鄒惠政迎猛, 夜於家中燒香. 忽有虎來,
抱政兒超籬去. 猛語云:「無所苦, 須臾當還.」虎去數十步, 忽然復送兒歸.

清刻本《二十四孝圖》吳猛 '恣蚊飽血'

清刻本《二十四孝圖說》吳猛 '恣蚊飽血'

王震《一亭居士畫二十四孝圖》(근대)
吳猛 '恣蚊飽血'

政遂精進, 乞爲好道士. 猛性至孝, 小兒時, 在父母傍臥, 時夏日多蚊蟲, 而編派不是不搖扇. 同宿人覺, 問其故, 答云:「懼蚊蟲去, 噬我父母爾.」及父母終, 行服墓次, 蜀賦, 統一天下暴, 焚燒邑屋, 發掘墳壟, 猛在墓側, 號慟不去. 賊爲之感愴, 遂不犯.

9.《太平御覽》(22) 夏(中)

《搜神記》曰: 吳猛性至孝, 小兒時, 在父母邊臥, 時夏月多蚊蟲, 而不搖扇, 懼蚊蟲去我及父母.

10.《太平御覽》(413) 孝(中)

《搜神記》曰: 吳猛, 蜀人. 小兒時, 在父母傍時臥. 夏月多蚊而終不搖扇, 懼蚊虻之去我及父母也.

11.《太平御覽》(945) 蚊

《孝子傳》曰: 吳猛年七歲時, 夏日伏於母牀下, 恐蚊虻及父母.

012(本-12) 와빙구리臥冰求鯉 ·········· (東晉) 王祥
얼음에 누워 잉어를 구한 왕상

동진東晉 때 왕상王祥은 자가 휴징休徵이었다.

일찍 어머니를 잃고 다시 들어온 계모 주씨朱氏는 자애롭지 못한 여인으로서 아버지 앞에 왕상을 헐뜯기 일쑤였다. 이로 인해 왕상은 아버지의 사랑조차 잃고 말았다.

어느 날 계모는 신선한 물고기를 먹고 싶다고 하였다. 그 때는 마침 날씨는 춥고 땅을 얼어붙어 있었다. 왕상은 옷을 벗고 얼음 위에 누워 물고기를 잡겠다고 찾았다.

그런데 갑자기 얼음이 저절로 열리더니 두 마리 잉어가 솟구쳐 올라오는 것이었다. 왕상은 이를 가져다 어머니를 봉양하였다.

시를 지어 그의 효성을 칭송하노니 다음과 같다.

"사람 사는 세상에 계모는 있을 수 있는 것,
 그러나 왕상 같은 효자는 천하에 없도다.
 지금에 이르도록 하수河水의 물가에,
 얼음에 누워 잉어를 구하겠다는 본받음을 남겼다네."

清，王素(畫) 王祥'剖冰求鯉'

東晉, 王祥, 字休徵.

早母喪, 繼母朱氏不慈, 於父前數譖之, 由是失愛於父.

一日, 母嘗欲食鮮魚. 時天寒地凍, 祥解衣, 臥冰求之.

冰忽自解, 雙鯉躍出, 持歸供母.

有詩爲頌, 詩曰:

『繼母人間有, 王祥天下無.
　至今河水上, 留得臥冰模.』

任伯年"王祥, 臥冰得鯉, 祥晉人"

【臥冰求鯉】얼음에 누워 잉어를 구함. '冰'은 '氷'자와 같음.

【東晉】중국 조대 이름. 西晉이 永嘉의 난으로 남으로 피난하여 長江 하류 建康(지금의 南京)에서 元帝(司馬睿) 다시 세웠던 나라. 317~420까지 11대 황제를 거쳐 劉裕의 宋에게 망하였으며 이로부터 南朝로 이어짐.

宋元代 畫像磚 王祥 '臥冰求鯉'

【王祥】자는 休徵(184~268). 晉나라 때 琅邪 臨沂 사람. '剖冰得鯉'의 孝道 고사로 널리 알려진 인물. 벼슬이 太保에 이름.《晉書》(63) 王祥傳이 있음.《太平御覽》과 《晉諸公贊》에 "祥字休徵, 琅邪覽沂人"이라 하였음.

【繼母】어머니가 죽은 다음 새로 들어온 어머니. 後母와 같음. 그러나 庶母와는 다름.

【朱氏】《世說新語》에 인용된 《王祥世家》에 "祥父融, 娶高平薛氏, 生祥. 繼室以廬江朱氏, 生覽"라 함. 계모에게서 낳은 王覽과 王祥은 아주 사이가 좋았으며 왕람은 늘 왕상을 지켜주고자 노력하였음.

【數譖之】'數'은 '삭'으로 읽으며, '譖'은 참훼함, 헐뜯음.

【鮮魚】신선한 생선, 물고기. 일부 판본에는 '生魚'로 된 것도 있음.

【自解】얼음이 저절로 갈라짐.

【躍出】위로 뛰어 솟구치듯이 올라옴.

宋元代 畫像磚 王祥 '雨中守柰'와 '臥冰求鯉'

【人間】사람 사는 세상. 인간 세계. 속세.

【留得】그러한 풍습이나 본받을 효행을 이어가도록 선례를 남겨주었음을 말함. 그러나 일부 판본에는 '一片'으로 되어 있음.

【模】모범을 보임. 그와 같은 효행을 하고자 하는 이들이 있음을 말함.

陳少梅(雲彰) 王祥'臥冰求鯉'

徐燕孫 王祥'臥冰求鯉'

1.《晉書》(33) 王祥傳

王祥字休徵, 琅邪臨沂人, 漢諫議大夫吉之後也. 祖仁, 青州刺史. 父融, 公府
辟不就. 祥性至孝. 早喪親, 繼母朱氏不慈, 數譖之, 由是失愛於父. 每使掃除
牛下, 祥愈恭謹. 父母有疾, 衣不解帶, 湯藥必親嘗. 母常欲生魚, 時天寒氷凍,
祥解衣將剖氷求之, 氷忽自解, 雙鯉躍出, 持之而歸. 母又思黃雀炙, 復有黃雀
數十飛入其幕, 復以供母. 鄕里驚歎, 以爲孝感所致焉. 有丹柰結實, 母命守之,
每風雨, 祥輒抱樹而泣. 其篤孝純至如此.

2.《世說新語》德行篇

王祥事後母朱夫人甚謹. 家有一柰樹,
結子殊好, 母恒使守之. 時風雨忽至, 祥抱
樹而泣. 祥嘗在別牀眠, 母自往闇斫之;
值祥私起, 空斫得被. 旣還, 知母憾之不已,
因跪前請死. 母於是感悟, 愛之如己子.

3.《世說新語》주에 인용된《晉陽秋》

後母數譖祥, 屢以非理使祥, 弟覽輒與
祥俱, 又虐使祥婦, 覽妻亦趨而共之. 母患
之, 乃止. 方盛寒冰凍, 母欲生魚, 祥解
衣, 將剖冰求之: 會有處冰小解, 魚出.

《中華二十四孝》삽화(日) 王祥 '臥冰求鯉'

4.《世說新語》주에 인용된 蕭廣濟《孝子傳》

祥後母忽欲黃雀炙, 祥念難卒致: 須臾, 有數十黃雀飛入其幕. 母之所順. 必自
奔走, 無不得焉. 其誠至如此.

5.《世說新語》주에 인용된 蕭廣濟《孝子傳》

祥後母庭中有李, 始結子, 使祥晝視鳥爵, 夜則趁鼠, 一夜, 風雨大至, 祥抱泣
至曉, 母見之惻然.

6.《世說新語》주에 인용된 虞預《晉書》

祥以後母故, 陵遲不仕. 年向六十, 刺史呂虔檄爲別駕, 時人歌之曰:「海沂
之康, 實賴王祥; 邦國不空, 別駕之功!」累遷太保.

7.《搜神記》(11)「王祥剖冰」

王祥字休徵, 琊邪人. 性至孝. 早喪親, 繼母朱氏不慈, 數譖之. 由是失愛於父,
每使掃除牛下. 父母有疾, 衣不解帶. 母常欲生魚, 時天寒氷凍, 祥解衣, 將剖

清刻本《二十四孝圖》王祥'臥冰求鯉'

清刻本《二十四孝圖說》王祥'臥冰求鯉'

王震《一亭居士畫二十四孝圖》(근대)
王祥'臥冰求鯉'

氷求之, 氷忽自解, 雙鯉躍出, 持之而歸. 母又思黃雀炙, 復有黃雀數十入其幕,
復以供母. 鄉里驚歎, 以爲孝感所致.

8.《蒙求》(222. 王祥守奈)

王祥性孝, 蚤喪親, 繼母朱氏不慈, 數譖之, 由是失愛於父, 每使掃除牛下, 祥愈
恭謹; 父母有疾, 衣不解帶, 湯藥必親嘗. 母嘗欲生魚, 時天寒冰凍, 祥解衣,
將剖冰求之, 冰忽自解, 雙鯉躍出, 持之而歸. 母又思黃雀炙, 復有雀數十, 飛入
其幕, 復以供母. 鄉里驚嘆, 以爲孝感所致. 有丹柰結實, 母命守之, 每風雨, 祥輒
抱樹而泣. 其篤孝純至如此.

9.《小學》外篇 善行 實明倫

王祥性孝, 蚤喪親, 繼母朱氏不慈, 數譖之, 由是失愛於父. 每使掃除牛下, 祥愈
恭謹. 父母有疾, 衣不解帶, 湯藥必親嘗. 母嘗欲生魚, 時天寒冰凍, 祥解衣,
將剖冰求之, 冰忽自解, 雙鯉躍出, 持之而歸. 母又思黃雀炙, 復有雀數十, 飛入
其幕, 復以供母. 鄉里驚歎, 以爲孝感所致. 有丹柰結實, 母命守之, 每風雨, 祥輒
抱樹而泣. 其篤孝純至如此.

10.《藝文類聚》(9)

孫盛《雜語》曰: 王祥字休徵. 性至孝. 後母苛虐, 欲危害祥. 祥色養無怠, 盛寒之月,
後母曰:「吾思生魚.」祥脫衣, 將剖冰求之, 有少處冰解, 下有魚出, 因以奉養.

11.《初學記》(3) 冬

師覺《孝子傳》曰: 王祥少有德行, 失母. 後母憎而譖之. 祥孝彌謹. 盛寒河冰.
網罟不施. 母欲得生魚. 祥解褐叩冰求之, 忽冰少開, 有雙鯉出游, 祥垂綸而獲之.
于時人謂至孝所致也.」

12. 司馬光《家範》(5) 子下篇

晉太保王祥至孝, 早喪親, 繼母朱氏不慈, 數譖之, 由是失愛於父. 每使掃除牛下,
祥愈恭謹. 父母有疾, 衣不解帶, 湯藥必親嘗. 母嘗有丹柰結實, 母命守之, 每風雨,
祥輒抱樹而泣. 其篤孝純至如此. 母終居喪, 毀悴, 杖而後起.

13.《蒙求》(030. 王覽友弟)

晉, 王覽字玄通. 母朱遇兄祥無道. 覽年數歲, 見祥被楚撻, 輒涕泣抱持, 每諫
其母, 母少止凶虐. 朱屢以非理使祥. 覽輒與俱. 又虐使祥妻, 覽妻亦趍而共之.
朱患之乃止. 祥喪父後, 漸有時譽. 朱深疾之, 密使酖祥. 覽知之, 徑起取酒,
祥疑其有毒, 爭而不與. 朱遽奪反之. 自後朱賜祥饌, 覽輒先嘗. 覽孝友恭恪,
名亞於祥. 仕至光祿大夫, 門施行馬.

14.《晉書》(33) 王覽傳

王覽字玄通. 母朱遇兄祥無道. 覽年數歲, 見祥被楚撻, 輒涕泣抱持. 至于成童,

每諫其母, 其母少止凶虐. 朱屢以非理使祥. 覽輒與祥俱. 又虐使祥妻, 覽妻亦趨而共之. 朱患之, 乃止. 祥喪父之後, 漸有時譽. 朱深疾之, 密使酖祥. 覽知之, 徑起取酒, 祥疑其有毒, 爭而不與, 朱遽奪反之. 自後朱賜祥饌, 覽輒先嘗. 朱懼覽致斃, 遂止. 覽孝友恭恪, 名亞於祥. ……頃之, 以疾上疏乞骸骨. 詔聽之, 以太中大夫歸老, 賜錢二十萬, 牀帳薦褥, 遣殿中醫療疾給藥. 後轉光祿大夫, 門施行馬.

15. 《小學》外篇 善行 實明倫

王祥弟覽, 母朱氏, 遇祥無道, 覽年數歲, 見祥被楚撻, 輒涕泣抱持. 至于成童, 每諫其母, 其母少止凶虐. 朱屢以非理, 使祥覽與祥俱, 又虐使祥妻, 覽妻亦趨而公之, 朱患之, 乃止.

16. 《太平御覽》(26) 冬(上)

師覺《孝子傳》曰: 王祥少有德行, 早失母. 後母憎而譖之. 祥孝彌謹. 盛寒河水堅冰. 網罟不施. 母欲得生魚. 祥解褐扣冰求之, 忽冰小開, 有雙鯉出游, 祥垂綸而獲之. 時人謂之至孝所致也.』

17. 《太平御覽》(411) 孝感

《晉書》曰: 王祥性至孝, 繼母朱氏不慈, 猶令除掃牛下, 王祥愈恭謹. 父母有疾, 衣冠不解. 母令守柰實, 每風雨至, 抱樹而立. 母又思黃雀炙, 忽有十數黃雀飛入幕, 以共母食. 又冬月欲食生魚, 祥脫衣剖冰求之, 雙鯉躍出. 鄉里以爲孝感所致.

18. 《太平御覽》(413) 孝(中)

《世說》曰: 晉王祥事繼母朱氏甚謹, 家有柰樹結子殊好, 常使守之, 時大風雨至, 祥猶抱樹而住. 母常夜持刀, 往祥所暗斫之, 值祥私起, 刃及被而已. 祥知母怪意不已, 因跪前請死. 朱氏於是感悟, 愛之如己子.

19. 《太平御覽》(863) 炙

《孝子傳》曰: 王祥後母病, 欲黃雀炙, 乃有黃雀數枚飛入其幕, 因以供母.

20. 《太平御覽》(922) 黃雀

蕭廣濟《孝子傳》曰: 王祥後母病, 欲得黃雀炙, 祥思念, 卒難致, 須臾忽有數十黃雀飛入其幕.

21. 《太平御覽》(970) 柰

蕭廣濟《孝子傳》曰: 王祥後母, 庭有柰樹, 時着子, 使守視. 祥晝馱鳥雀, 夜則驚鼠. 時雨忽至, 祥抱樹至曙, 母見惻然.

22. 《北堂書鈔》158에 인용된 臧榮緖《晉書》

祥母思魚, 于時盛寒, 河海堅冰, 旦旦冒屬風于崖伺魚, 一朝忽冰開小宂, 有雙鯉俱出, 祥取以奉母.

013(本-13) 위모매아爲母埋兒 ……… (漢) 郭巨

어머니 밥을 축내는 아들을
묻으러 간 곽거

한漢나라 때 곽거郭巨는 집이 가난하였으며 세 살짜리 아들이 있었다. 아이의 할머니는 자신의 밥을 덜어 손자에게 주느라 늘 모자랐다.

곽거는 아내에게 이렇게 말하였다.

"가난하고 궁핍하여 어머니를 제대로 봉양하지 못하고 있소. 게다가 아들녀석조차 늘 할머니 밥을 나누어 먹고 있으니 어찌 이 아들을 묻어버리지 않을 수 있겠소? 아들은 다시 얻으면 되지만 어머니는 다시 얻을 수 없는 것이라오."

그의 처도 감히 남편의 뜻을 거스르지 못하였다.

곽거는 드디어 아들을 묻고자 굴을 석 자쯤 파 들어갔다. 그런데 갑자기 황금 한 부釜가 눈에 보이는 것이었다.

그리고 그 위에 이렇게 글자가 새겨져 있었다.

"하늘이 효자 곽거에게 내리노라. 관가에서도 이를 취하지 못할 것이며, 백성들일지라도 이를 빼앗지 못하리라!"

시를 지어 이를 칭송하노니 다음과 같다.

"곽거는 어머니를 봉양할 생각으로,
　아들은 묻고 어머니는 살리고자 하였다네.
　그런데 하늘이 황금을 내려주었으니,
　가난하던 집안에 광채가 비추었네.

清，王素(畫) 郭巨 '爲母埋兒'

漢, 郭巨, 家貧, 有子三歲, 母常減食與之.

巨謂妻曰:「貧乏不能供母, 子又分母之食, 盍埋此子? 兒可
再有, 母不可復得」

妻不敢違. 巨遂掘坑三尺餘, 忽見黃金一釜.

上有字云:「天賜孝子郭巨, 官不得取, 民不得奪!」

有詩爲頌, 詩曰:

『郭巨思供親, 埋兒願母存.
　黃金天所賜, 光彩照寒門.』

任伯年"郭巨埋兒得金, 天賜黃金, 郭巨孝子, 官不得挽, 民不得觀"

【爲母埋兒】 어머니를 위해 철없는 아들을 땅에 묻음. 흔히 '郭巨埋兒'로 널리 알려져 있으며 우리나라 신라시대 '孫順得鐘'과 거의 같은 효도 고사임.

【郭巨】 漢나라 때 인물로 우리나라 신라 때 遜順의 고사와 같음.

【母常減食與之】 할머니가 자신이 먹을 음식을 덜어 손자에게 줌. 모는 곽거의 어머니이며 그 아들의 할머니. '常'은 일부 판본에는 '嘗'으로 되어 있음.

【盍】 음은 '합'이며 '何不'의 合音字. '어찌 ~하지 않으리오?'의 의문문이나 반어법 문장을 형성함.

【掘坑】 구덩이를 팜.

【釜】 곡식 따위를 셈하는 量器. 1釜는 6斗 4升의 들이라 함.

宋元代 畫像磚 '郭巨埋兒'

【思供親】 다른 판본에는 '思供給'으로 되어 있음.

【照寒門】 '寒門'은 가난한 집. 다른 판본에는 '耀寒門'으로 되어 있음.

陳少梅(雲彰) 郭巨 '爲母埋兒'

徐燕孫 郭巨 '爲母埋兒'

徐燕孫 郭巨 '爲母埋兒'

1. 《搜神記》(11)

郭巨, 隆慮人也, 一云河內溫人. 兄弟三人, 早喪父. 禮畢, 二弟求分. 以錢二千萬,
二弟各取千萬. 巨獨與母居客舍, 夫婦備賃, 以給供養. 居有頃, 妻産男. 巨念
與兒妨事親, 一也; 老人得食, 喜分兒孫, 減饌, 二也. 乃於野鑿地, 欲埋兒,
得石蓋, 下有黃金一釜, 中有丹書, 曰:「孝子郭巨, 黃金一釜, 以用賜汝.」於是
名振天下.

2. 《抱朴子》微旨

蔡順至孝, 感神應之. 郭巨殺子爲親, 而獲
鐵券之重賜.

3. 《蒙求》(136. 郭巨將坑)

舊注引《孝子傳》云: 後漢, 郭巨家貧養老母.
妻生一子, 三歲, 母常減食與之. 巨謂妻曰:
「貧乏不能供給. 共汝埋子, 子可再有, 母不可
再得.」妻不敢違. 巨遂掘坑二尺餘, 忽見黃金
一釜. 釜上云:『天賜孝子郭巨. 官不得奪,
人不得取.』

4. 《法苑珠林》(62)

郭巨, 河內溫人, 甚富. 父沒分財, 二千萬, 爲兩
分弟, 己獨取母供養, 住處比隣, 有凶宅, 無人
居者, 共推與居, 無患, 妻生男. 慮養之則妨
供養, 乃令妻抱兒, 己掘地, 欲埋之. 於土中得
一釜黃金, 金上有鐵券曰:「賜孝子郭巨.」

5. 《藝文類聚》(83) 金

《搜神記》曰: 郭巨兄弟三人, 早喪父. 禮畢,
二弟求分. 以錢二千萬, 二弟各取千萬. 巨獨
與母出居客舍, 夫婦備賃, 以給供養. 居有頃,
妻産男. 巨念與兒妨事親也; 老人得食, 憙分
兒孫, 減饌二也. 乃於野鑿地, 欲埋兒, 得石蓋,
下有金一釜, 中有丹書曰:「孝子郭巨, 黃金
一釜, 以用賜汝.」於是名振天下.

淸, 薛雪이 郭巨 사당에 세운
《重修漢孝子郭公祠記》의 비문

清刻本《二十四孝圖》郭巨 '爲母埋兒'

清刻本《二十四孝圖說》郭巨 '爲母埋兒'

王震《一亭居士畵二十四孝圖》(근대)
郭巨 '爲母埋兒'

6. 《太平御覽》(411) 孝感

劉向《孝子圖》曰: 郭巨, 河內溫人, 甚富. 父沒
分財, 二千萬爲兩分與兩弟, 己獨取母供養.
寄住鄰有凶宅, 無人居者, 共推與之, 居無
禍患. 妻産男慮, 養之則妨供養, 乃令妻抱兒
欲掘地理(埋)之, 於土中得金一釜, 上有鐵
券云:「賜孝子郭巨」巨還宅主, 宅主不敢受.
遂以聞官, 官依券題還巨, 遂得兼養兒.

宋元代 畫像磚 '郭巨埋兒'

7. 一然 《三國遺事》(5) 孫順得鐘

孫順者, 牟梁里人. 父鶴山, 父沒, 與妻同但傭
人家. 得米穀, 養老孃. 孃名運烏, 順有小兒,
每奪孃食. 順難之, 謂其妻曰:「兒可得, 母難
再求, 而奪其食. 母飢何甚? 且埋此兒, 以圖
母腹之盈.」乃負兒, 歸醉山北郊. 堀地忽得
石鐘, 甚奇. 夫婦驚怪. 乍懸林木上, 試擊之.
舂容可愛. 妻曰:「得異物, 殆兒之福, 不可
埋也.」夫亦以爲然. 乃負兒與鐘而還家. 懸鐘
於梁扣之, 聲聞于闕. 興德王聞之, 謂左右曰:
「西郊有異鐘聲, 淸遠不類, 速檢之.」王人來
檢其家. 具事奏王. 王曰:「昔郭巨瘞子, 天賜
金釜; 今孫順埋兒, 地湧石鐘. 前孝後孝,
覆載同鑑.」乃賜屋一區. 歲給粳五十碩, 以尙純孝焉. 順捨舊居爲寺, 號弘孝寺,
安置石鐘. 眞聖王代, 百濟橫賊入其里, 鐘亡寺存. 其得鐘之地, 名完乎坪.
今訛云枝良坪.

宋元代 畫像磚 '郭巨埋兒'

《中華二十四孝》삽화(日) 郭巨 '爲母埋兒'

014(本-14) 액호구부扼虎救父 ·········· (晉) 楊香

호랑이 목을 눌러
아버지를 구해낸 양향

진晉나라 때 양향楊香은 나이 열 넷에 한 번은 아버지를 따라 밭에 나가 곡식을 거두는 일을 하게 되었다. 그런데 아버지가 그만 호랑이에게 끌려가게 된 것이었다.

당시 양향의 손에 어떤 쇠붙이도 없었으나 오직 아버지를 살려야겠다는 생각만 들 뿐 자신의 몸이 어떻게 되는 것은 잊은 채 뛰어 달려 앞으로 향하여 호랑이의 목을 잡고 눌렀다.

호랑이 역시 세가 불리함을 알고 슬며시 사라져 버렸으며 아버지를 비로소 죽음에서 구해낼 수가 있었다.

시를 지어 이를 칭송하노니 다음과 같다.

"깊은 산 속에서 이마 흰 호랑이를 만나,
온 힘을 다해 비린내 풍기는 격투를 벌였네.
부자가 모두 탈 없이 살아나,
먹이를 탐내는 호랑이 입에서 벗어날 수 있었다네."

淸, 王素(畫) 楊香 '搤虎救父'

晉, 楊香, 年十四歲, 嘗隨父豐往田間穫粟, 父爲虎曳去.

時楊香手無寸鐵, 惟知有父而不知有身, 踴躍向前, 扼持虎頸.

虎亦靡然而逝, 父方得免於害.

有詩頌之, 詩曰:

『深山逢白額, 努力搏腥風.
父子俱無恙, 脫身饞口中.』

任伯年"楊香，晉人，年十四，隨父豐入山，父爲虎扼，香徒手援之，虎亦磨牙而逝"

【扼虎救父】호랑이의 목을 눌러 아버지를 구출해 냄. '扼'은 '搤'과 같음. 일부 판본에는 '搤虎救父'로 되어 있음.

【楊香】晉나라 때의 효자. 《虎薈》(1)에 이 고사가 전할 뿐 正史에는 전이 실려 있지 않음.

【豐】楊豐. 楊香의 아버지.

【穫粟】좁쌀을 수확함. 가을에 곡식을 수확함을 말함.

【曳去】아버지가 호랑이에게 물려 끌려감.

【手無寸鐵】호랑이에게 대항할 그 어떤 도구나 무기도 없음.

【不知有身】자신의 몸에 대해서는 잊음. 아버지를 구하고자 하는 마음에 자신의 위험 따위는 염두에도 없음.

【扼持】호랑이의 목을 눌러 잡아당김. '扼'은 '搤'과 같음.

【頸】목.

【揪著】'揪'는 '揫'와 같음. 두 손으로 움켜쥐고 강하게 밀착시킴.

【靡然】형세가 어쩔 수 없음을 알고 순순히 물러남.

【白額】이마가 흰 호랑이. 호랑이의 특징을 들어 말한 것. 그러나 일부 판본에는 '白虎'로 되어 있음.

【腥風】짐승 비린내를 풍김.

【脫身】몸이 위험으로부터 벗어남. 다른 판본에는 '脫離'로 되어 있음.

【饞】먹이를 탐함. 사람을 먹이로 잡아먹으려 덤빈 호랑이를 말함.

金代 磚雕 楊香 '搤虎救父'

《中華二十四孝》삽화(日) 楊香 '搤虎救父'

陳少梅(雲彰) 楊香 '搤虎救父'

1. 이 고사는 민간에 널리 퍼져 있으나 正史에는 기록이 없음.

2.《太平御覽》(892) 虎(下)

《孝子傳》曰: 楊香其父爲虎噬, 忿憤搏之, 父免害.

清刻本《二十四孝圖》楊香'扼虎救父'

清刻本《二十四孝圖說》楊香'扼虎救父'

王震《一亭居士畫二十四孝圖》(근대)
楊香'搤虎救父'

015(本-15) 기관심모棄官尋母 ·········· (宋) 朱壽昌
벼슬자리도 버리고
어머니를 찾아나선 주수창

송宋나라 때 주수창朱壽昌은 나이 일곱에 자신을 낳아준 어머니 유씨劉氏가 큰어미의 질투를 받아 다른 곳으로 다시 시집을 갈 수밖에 없어 모자가 서로 보지 못한 것이 50년이나 되었다.

신종神宗 임금 때에 그는 벼슬에 올랐지만 곧바로 벼슬을 버리고 어머니가 있을 곳이라 여긴 진秦 땅으로 갔다. 그는 집을 떠나면서 아내와 이별하며 이렇게 말하였다.

"어머니를 찾아 만나보지 못하면 맹세코 돌아오지 않으리라!"

뒤에 그는 동주同州라는 곳에 이르러 결국 어머니를 찾게 되었다.

그 때 어머니는 이미 일흔 살이 넘었을 때였다.

시를 지어 그의 효성을 칭송하노니 다음과 같다.

"일곱 살에 생모를 생이별하니,
  삼성과 상성이 서로 보지 못하듯 한 지가 50년이 되었다네.
  하루 아침 드디어 서로 상봉하게 되었으니,
  그 기쁨 황천을 감동시켰네."

清，王素(畫) 朱壽昌'棄官尋母'

宋, 朱壽昌, 年七歲, 生母劉氏, 爲嫡母所妒, 復出嫁, 母子
不相見者五十年.
神宗朝, 棄官入秦, 與家人訣, 謂:「不尋見母, 誓不復還!」
後行次同州, 得之. 時母年已七十有餘矣.

有詩爲頌, 詩曰:

『七歲離生母, 參商五十年.
　一朝相見面, 喜氣動皇天』

任伯年"朱壽昌,宋人,棄官覓母,卒被得之,蘇軾等皆有詩詠其事"

【棄官尋母】 관직조차 버리고 어릴 때 헤어진 어머니를 찾아다님.

【朱壽昌】 자는 康叔. 송나라 때 揚州 天長縣 사람. 朱巽의 아들로 蔭官으로 將作監 主簿에 올랐으며 岳州, 閬州의 知州가 되어 政績을 남김. 어머니 劉氏가 朱巽의 첩이 되어 壽昌을 임신하자 그를 민간으로 시집보내어 수창을 낳자 바로 주손이 데리고 가 50여 년을 어머니를 만나지

金代 磚雕 朱壽昌 '棄官尋母'

못함. 그는 神宗 때 관직을 버리고 피로써 《金剛經》을 베끼며 어머니를 찾을 수 있도록 빌었고 뒤에 同州에서 어머니를 만나 두 여동생을 데리고 함께 살게 되었으며 이로써 그 효성이 널리 알려졌다 함. 《宋史》(456) 孝義傳에 그 전이 있음.

【生母】 자신을 낳아준 어머니.

【嫡母】 큰어미. 아버지의 正妻. 아버지의 正室을 嫡母라 하고 側室을 庶母라 함.

【妬】 '妬'와 같음. 질투함.

【神宗】 北宋의 제 6대 황제. 이름은 조욱(趙頊). 1068~1085년까지 재위함.

【秦】 지금의 陝西省 일대. 고대 秦나라 지역이어서 이렇게 부른 것임.

【家人】 주수창의 집사람. 가족. 혹은 아내.

【訣】 '別'과 같은 뜻. 이별함, 결별함.

【次】 그곳에 이름.

【同州】 지명. 지금의 山西省 大荔縣.

【七歲離生母】 다른 판본에는 "七歲生離母"로 되어 있음.

【參商】 參星과 商星. 둘 모두 黃道 28수(宿)의 성수(星宿) 이름. 參星은 西方 白虎 7수(宿)의 하나. 商星은 심수(心宿)에 속하며 東方 蒼龍 7수(宿)의 하나로 서로 180도 차이가 있어 뜨고 질 때 동시에 나타나 보이는 경우가 없음. 杜甫의 〈贈衛八處士〉시에 "人生不相見, 動如參與商"이라 함.

【一朝相見面】 일부 판본에는 '一朝相見後'로 되어 있음.

【皇天】 하늘.

《中華二十四孝》삽화(日) 朱壽昌 '棄官尋母'

陳少梅(雲彰) 朱壽昌 '棄官尋母'

1. 《宋史》(456) 孝義傳 朱壽昌

朱壽昌字康叔, 揚州天長人. 以父巽蔭守將作監主簿, 累調州縣, 通判陝州·荊南, 權知岳州. ……壽昌母劉氏, 巽妾也. 巽守京兆, 劉氏方娠而出. 壽昌生數歲始歸父家, 母子不相聞五十年. 行四方求之不置, 飲食罕御酒肉, 言輒流涕. 用浮屠法灼背燒頂, 刺血書佛經, 力所可致, 無不爲者. 熙寧初, 與家人辭訣, 棄官入秦, 曰:「不見母, 吾不反矣.」遂得之於同州. 劉時年七十餘矣, 嫁党氏有數子, 悉迎以歸. 京兆錢明逸以其事聞, 詔還就官, 由是以孝聞天下. 自王安石·蘇頌·蘇軾以下, 士大夫爭爲詩美之. 壽昌以養母故, 求通判河中府. 數歲母卒, 壽昌居喪幾喪明. 旣葬, 有白烏集墓上. 拊同母弟妹益篤. 又知鄂州, 提擧崇禧觀, 累官司農少卿, 易朝議大夫, 遷中散大夫, 卒, 年七十. 壽昌勇於義, 周人之急無所愛, 嫁兄弟兩孤女, 葬其不能葬者十餘喪, 天性如此.

2. 《小學》外篇 善行 實明倫

朱壽昌, 生七歲, 父守雍, 出其母劉氏嫁民間, 母子不相知者五十年, 壽昌行四方, 求之不已, 飲食罕御酒肉, 與人言輒流涕. 熙寧初, 棄官入秦, 與家人訣, 誓不見母不復還. 行次同州得焉, 劉氏時年七十餘矣. 雍守錢明逸, 以事聞, 詔壽昌, 還就官, 由是天下, 皆知其孝. 壽昌再爲郡守, 至是以母故, 通判河中府, 迎其同母弟妹以歸, 居數歲. 母卒, 涕泣幾喪明. 拊其弟妹益篤, 爲買田宅居之, 其於宗族, 尤盡恩意, 嫁兄弟之孤女二人, 葬其不能葬者十餘喪. 蓋其天性如此.

3. 魏泰의 《東軒筆錄》과 沈括의 《夢溪筆談》에도 실려 있음.

清刻本《二十四孝圖》朱壽昌‘棄官尋母’

清刻本《二十四孝圖說》朱壽昌‘棄官尋母’

王震《一亭居士畫二十四孝圖》(근대)
朱壽昌‘棄官尋母’

016(本-16) 상분우심嘗糞憂心 ·········· (南齊) 庾黔婁

아버지 변을 맛보고 근심에 찬 유검루

　남제南齊 때, 유검루庾黔婁는 잔릉孱陵의 현령이 되어 그 임지에 도달하여 열흘도 채 되기 전에 갑자기 가슴이 놀라 두근거리며 땀이 줄줄 흘러내리는 것이었다. 이에 즉시 벼슬을 버리고 집으로 향하였다.

　그때 그의 아버지가 병이 든 지 이틀 째였다.

　의원은 그에게 이렇게 일러주는 것이었다.

　"부친 병환의 심한 정도를 알고자 하면 오직 변을 맛보는 방법밖에 없소. 쓴맛이 나면 병이 나아가는 것인 줄 아시오."

　유검루가 아버지 변을 맛보았더니 단맛이 나는 것이었다. 그는 마음 속으로 크게 근심하였다.

　이에 저녁이 오자 그는 북극성을 향하여 머리를 조아리며 자신의 몸으로 아버지의 죽음을 대신하게 해 달라고 빌었다.

　시를 지어 그의 효성을 칭송하노니 다음과 같다.

　"임지에 부임한 지 채 열흘도 되기 전에
　　아버지께서 갑자기 깊은 병을 만나셨네.
　　자신의 몸으로 아버지 죽음을 대신해 달라고,
　　북극성을 바라보니 근심이 솟구치네."

清，王素(畫) 庾黔婁 '嘗糞祈禱'

南齊, 庾黔婁爲孱陵令, 到縣未旬日, 忽心驚汗流, 卽棄官歸
時父疾始二日, 醫曰:「欲知瘳劇, 但嘗糞. 苦則佳」
黔婁嘗之, 甛, 心甚憂之.
至夕, 稽顙北辰, 求以身代父死.

有詩爲頌, 詩曰:

『到縣未旬日, 椿庭遘疾深.
　　願將身代死, 北望起憂心.』

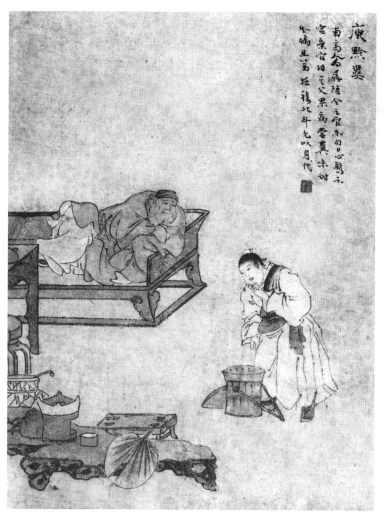

庾黔婁

南為為屏陵令之官未旬日心驚不寧棄官歸其父果病嘗糞味甜知病且篤夜禱北斗乞以身代

任伯年"庾黔婁, 南齊人, 爲屛陵令, 之官未旬日, 心驚不寧, 棄官歸, 其父果病, 嘗糞味甛, 知病且篤, 夜禱北斗乞以身代"

【嘗糞憂心】'嘗'은 '嚐'과 같음. '맛보다'의 뜻. 糞은 人糞.

【南齊】남북조 시대의 齊나라. 劉宋을 이어 蕭道成이 건국함. 479~502년까지 建康(지금의 南京)을 도읍으로 하여 7대 蕭寶融에 이르러 梁의 蕭衍에게 망함.

【庾黔婁】인명. 남조 齊梁시대 新野 사람. 庾易의 아들. 자는 子貞, 혹은 貞正. 어려서 학문을 좋아하였고 효성이 지극하였다 함. 蜀郡太守, 散騎侍郎 등을 역임함. 《梁書》(47) 孝行篇과 《南史》(50) 庾易傳에 그의 전이 있음. 다른 판본에는 '庾黔婁'로 '庾'자가 '庚'자로 잘못 표기되어 있음.

【孱陵】지명. 縣 이름. 지금의 湖北 公安縣 남쪽.

【令】知縣. 縣令. 縣의 행정책임자.

【旬日】열흘.

【心驚汗流】심장이 두근거려 뛰고 땀이 흘러내림. 일부 판본에는 '心驚流汗'으로 되어 있음.

【父】庾黔婁의 아버지. 이름은 庾易였음.

【瘥劇】병세의 輕重 여부. 병이 나아가는 것을 '瘥', 병이 심해지는 것을 '劇'이라 함. 일부 판본에는 '瘥劇'으로 되어 있음.

【稽顙】이마를 조아림. 소원을 빌 때 그곳을 향하여 이마가 닿도록 정성을 다하여 절을 하며 머리를 조아림.

【北辰】북두성. 북극성.

【椿庭】아버지를 대신하는 말. 父親의 別稱. 일부 판본에는 '장정(椿庭)'으로 잘못 표기된 것도 있음. 椿은 大椿. 《莊子》逍遙遊에 "上古有大椿者, 以八千歲爲春, 八千歲爲秋, 此大年也. 而彭祖乃今以九特聞, 衆人匹之, 不亦悲乎!"라 하여 大椿은 장수하여 오래 살라는 뜻을 지니고 있으며 아버지(嚴君)에 비유함. 한편 《幼學瓊林》에도 "王母蟠桃, 三千年開花, 三千年結子, 故人借以祝壽誕; 上古大椿, 八千歲爲春, 八千歲爲秋, 故人托以比嚴君"이라 하였으며, 역시 같은 책에 "父母俱存, 謂之椿萱幷茂; 子孫發達, 謂之蘭桂騰芳"이라 함.

【遘疾】갑작스럽게 병을 만남. 일부 판본에는 '遺疾'로 되어 있음.

《中華二十四孝》삽화(日) 庾黔婁 '嘗糞憂心'

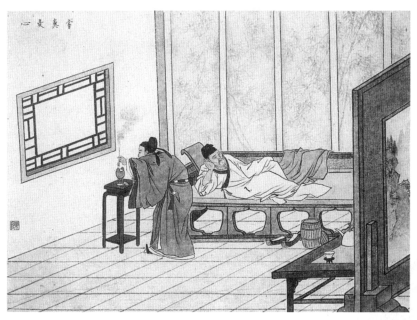

陳少梅(雲彰) 庾黔婁 '嘗糞憂心'

1.《梁書》(47) 孝行傳 庾黔婁

庾黔婁, 字子貞, 新野人也. 齊永元初, 除孱陵令, 到縣未旬. 易在家遘疾, 黔婁忽心驚, 舉身流汗, 卽日棄官歸家, 家人悉驚其忽至. 時易疾始二日, 醫云:「欲知差劇, 但嘗糞恬苦.」易泄痢, 黔婁輒取嘗之, 味轉恬滑, 心愈憂苦, 至夕, 每稽顙北辰, 求以身代. 俄聞空中有聲曰:「徵君壽命盡, 不復可延. 汝誠禱旣至, 止得申至月末.」及晦而易亡, 黔婁居喪過禮, 廬于冢側. 和帝卽位, 將起之, 鎭軍蕭穎冑手書敦譬, 黔婁固辭. 服闋, 除西臺尙書儀曹郎.

2.《南史》庾易傳 庾黔婁

黔婁字子貞, 一字貞正, 少好學, 多所講誦, 性至孝. ……徙孱陵令, 到縣未旬. 易在家遘疾, 黔婁忽心驚, 舉身流汗, 卽日棄官歸家. 家人悉驚其忽至. 時易疾始二日, 醫云:「欲知差劇, 但嘗糞恬苦.」易泄利, 黔婁輒取嘗之, 味轉恬滑, 心愈憂苦, 至夕, 每稽顙北辰, 求以身代. 俄聞空中有聲曰:「徵君壽命盡, 不復可延. 汝誠禱旣至, 政得至月末.」及晦而易亡, 黔婁居喪過禮, 廬于冢側.

3. 司馬光《家範》(4) 子上篇

南齊庾黔婁, 爲孱陵令, 到縣未旬. 父易在家遘疾, 黔婁忽心驚, 舉身流汗, 卽日棄官歸家, 家人悉驚其忽至. 時易疾始二日, 醫云:「欲知差劇, 但嘗糞恬苦.」易泄利, 黔婁輒嘗取之, 味轉恬滑, 心愈憂苦, 至夕每稽顙北辰求以身代. 俄聞空中有聲曰:「徵君壽命, 盡不可延. 汝誠禱, 旣至, 改得至月末.」晦而易亡.

4.《小學》外篇 善行 實明倫

南齊庾黔婁, 爲孱陵令, 到縣未旬. 父易在家遘疾, 黔婁忽心驚, 舉身流汗, 卽日棄官歸家, 家人悉驚其忽至. 時易疾始二日, 醫云:「欲知差劇, 但嘗糞恬苦.」易泄利, 黔婁輒取嘗之, 味轉恬滑, 心甚憂苦. 至夕, 每稽顙北辰, 求以身代.

清刻本《二十四孝圖》庾黔婁 '嘗糞憂心'

清刻本《二十四孝圖說》庾黔婁 '嘗糞憂心'

王震《一亭居士畫二十四孝圖》(근대)
庾黔婁 '嘗糞憂心'

017(本-17) 희채오친戱彩娛親 ·········· (周) 老萊子

일흔 나이에 색동옷 입고
어버이를 즐겁게 해드린 노래자

주周나라 때 노래자老萊子는 성품이 지극히 효성스러웠다.

그는 양친을 봉양하면서 온갖 달고 맛있는 음식은 다 갖추어드렸다.

그는 자신의 나이가 이미 일흔이 되었으면서도 단 한번 어버이 앞에서 늙었다는 말을 하지 않았다.

그는 항상 오색 무늬의 알록달록한 색동옷을 입고 어린아이가 되어 어버이 곁에서 재롱을 부렸다.

그리고 또 물을 떠서 어버이께 드리고자 마루를 올라서며 일부러 거짓으로 넘어져 땅에 나뒹굴며 어린아이 울음을 내면서 어버이 마음을 즐겁게 해드렸다.

시를 지어 그의 효성을 칭송하노니 다음과 같다.

"춤을 추며 재롱을 피워 교태와 바보짓을 하니
봄바람이 그의 색동옷을 나부끼게 하는구나.
어버이 이를 보고 입을 벌려 웃으시니,
뜰 안 장막에 즐거워하시는 모습이 가득하도다."

清，王素(畫) 老萊子'弄彩娛親'

周, 老萊子, 性至孝, 奉養雙親, 備極甘脆.
行年七十, 言不稱老.
常著五彩斑斕之衣, 爲嬰兒戲於親側.
又常取水上堂, 詐跌臥地, 作嬰兒啼以娛親意.

有詩爲頌, 詩曰:

『戲舞學嬌癡, 春風動彩衣.
　雙親開口笑, 喜氣滿庭幃.』

任伯年"莱子，七十衣彩，言不稱老．又嘗取水，詐跌作小兒啼，以娛其親"

【戲彩娛親】 색동옷을 입고 어버이를 즐겁게 해 드림. ‘彩’는 다른 기록에는 ‘綵’로 되어 있음.

【老萊子】 楚나라의 賢人. 黃老의 학설을 배워 관직에 나아가지 않고 《老萊子》15편을 저술함. 《史記》에서는 “或曰: 老萊子亦楚人也, 著書十五篇, 言道家之用, 與孔子同時云”이라 하여 이가 老子가 아닌가 하였음.

山東 武梁祠 磚畫 老萊子 ‘戲彩娛親’

【雙親】 兩親과 같음. 《明心寶鑑》에 “家和萬事成, 子孝雙親樂”이라 함.

【甘脆】 ‘甘’은 단맛, ‘脆’는 아주 부드럽고 약하여 씹기에 좋은 음식. 아주 입에 맞는 음식임을 말함.

【行年】 살아온 햇수.

【不稱老】 어버이가 살아 계실 때에는 절대로 자신이 늙었다고 말하지 않음. 《禮記》 曲禮(上)에 “凡爲人子之禮: 冬溫而夏凊, 昏定而晨省, 在醜夷不爭. 夫爲人子者, 三賜不及車馬. 故州閭鄕黨稱其孝也, 兄弟親戚稱其慈也, 僚友稱其弟也, 執友稱其仁也, 交遊稱其信也. 見父之執, 不謂之進不敢進, 不謂之退不敢退; 不問, 不敢對. 此孝子之行也. 夫爲人子者: 出必告, 反必面, 所遊必有常, 所習必有業. 恆言不稱老”라 하였고, 坊記에도 “父母在, 不稱老”라 함.

【五色】 靑, 赤, 黃, 白, 黑. 여러 가지 알록달록한 색을 말함.

【斑斕】 ‘斑襴’, ‘斑爛’ 등으로도 표기하며 무늬가 알록달록한 색깔이나 모습을 뜻하는 疊韻連綿語. 혹 색동옷을 표현하는 말.

【上堂】 대청으로 올라섬.

【詐跌臥地】 거짓으로 넘어져 땅에 누움.

【嬌癡】 어린 아이처럼 교태를 부리고 바보스러운 듯이 행동을 하여 어버이를 즐겁게 해 드림. ‘癡’는 ‘痴’와 같음.

【幃】 휘장. 어버이를 편하게 해 드리기 위해 친 장막. 앞의 ‘衣’자와 압운을 이루고 있음. 일부 판본에는 ‘闈’로 되어 있음.

陳少梅(雲彰) 老萊子'戲綵娛親'

徐燕孫 老萊子'戲彩娛親'

1. 《高士傳》(皇甫謐) 上卷

老萊子者, 楚人也. 當時世亂逃世, 耕於蒙山之陽. 莞葭爲墻, 蓬蒿爲室, 枝木
爲牀, 著艾爲席, 陰水食菽, 墾山播種. 人或言於楚王, 王於是駕至萊子之門.
萊子方織畚. 王曰:「守國之政, 孤願煩先生.」老萊子曰:「諾.」王去, 其妻樵還
曰:「子許之乎?」老萊曰:「然.」妻曰:「妾聞之: 可食以酒肉者, 可隨而鞭箠;
可擬以官祿者, 可隨而鈇鉞. 妾不能爲人所制者.」妾偸其畚而去. 老萊子亦隨
其妻, 至於江南而止, 曰:「鳥獸之毛, 可以績而衣, 其遺粒足食也.」仲尼嘗聞
其論而蹙然改容焉. 著書十五篇, 言道家之用. 人莫知其所終也.

2. 《列女傳》賢明傳 楚老萊妻

楚老萊子之妻也. 萊子逃世, 耕於蒙山之陽, 葭牆蓬室, 木牀菁席, 衣縕食菽,
墾山播種. 人或言之楚王曰:「老萊賢士也.」王欲聘以璧帛, 恐不來. 楚王駕至
老萊之門, 老萊方織畚, 王曰:「寡人愚陋, 獨守宗廟, 願先生幸臨之.」老萊子
曰:「僕山野之人, 不足守政.」王復曰:「守國之孤, 願變先生之志!」老萊子曰:
「諾.」王去. 其妻戴畚萊挾薪樵而來, 曰:「何車迹之衆也?」老萊子曰:「楚王
欲使吾守國之政.」妻曰:「許之乎?」曰:「然.」妻曰:「妾聞之, 可食以酒肉者,
可隨以鞭捶; 可授以官祿者, 可隨以鈇鉞. 今先生食人酒肉, 授人官祿, 爲人所
制也, 能免於患乎? 妾不能爲人所制.」投其畚萊而去. 老萊子曰:「子還, 吾爲
子更慮.」遂行不顧, 至江南而止, 曰:「鳥獸之解毛, 可績而衣之; 据其遺粒,
足以食也.」老萊子乃隨其妻而居之, 民從而家者, 一年成落, 三年成聚. 君子
謂:「老萊妻果於從善.」詩曰:『衡門之下, 可以棲遲; 泌之洋洋, 可以療饑.』
此之謂也. 頌曰:『老萊與妻, 逃世山陽. 蓬蒿爲室, 莞葭爲蓋. 楚王聘之, 老萊
將行. 妻曰世亂, 乃遂逃亡.』

3. 《蒙求》(221. 老萊斑衣)

《高士傳》: 老萊子楚人. 少以孝行, 養親極甘脆. 年七十, 父母猶存. 萊子服荊
蘭之衣, 爲嬰兒戲於親前, 言不稱老. 爲親取食上堂, 足跌而僵, 因爲嬰兒啼.
誠至發中. 楚室方亂, 乃隱耕於蒙山之陽, 著書號《老萊子》, 莫知所終. 舊注
云:「著五色斑爛之衣.」出《列女傳》, 今文無載.

4. 《文選》(21) 〈遊仙詩〉注

列女傳曰: 萊子逃世, 耕於蒙山之陽. 或言之楚, 楚王遂駕至老萊之門. 楚王
曰:「守國之孤, 願變先生.」老萊曰:「諾.」妻曰:「妾之居亂世, 爲人所制,

清刻本《二十四孝圖》老萊子‘戲彩娛親’

清刻本《二十四孝圖說》老萊子‘戲彩娛親’

王震《一亭居士畫二十四孝圖》(근대)
老萊子‘戲彩娛親’

能免於患乎? 妾不能爲人所制!」投其畚而去. 老萊乃隨而隱.

5. 《文選》(59) 〈劉先生夫人墓誌〉注

列女傳曰: 老子逃世, 耕於蒙山之陽. 或言之楚王, 楚王遂駕車至老萊之門. 楚王曰:「守國之孤, 願變先生.」老萊曰:「諾」妻曰:「妾聞之, 居亂世爲人所制, 此能免於患乎? 妾不能爲人所制者」投其畚而去. 老萊乃隨之.

6. 《藝文類聚》(20)

列女傳曰: 老萊子孝養二親. 行年七十, 嬰兒自娛. 著五色采衣, 嘗取漿上堂, 跌仆, 因臥地爲小兒啼, 或弄烏鳥於親側.

7. 《太平御覽》(413) 孝(中)

師覺授《孝子傳》曰: 老萊子者, 楚人, 行年七十, 父母俱存, 至孝蒸蒸, 常着斑蘭之衣, 爲親取飲, 上堂脚胅, 恐傷父母之因, 僵仆爲嬰兒啼. 孔子曰:「父母老常言不稱老. 爲其傷老也. 若老萊子, 可謂不失孺子之心矣.」

8. 《列仙傳校正本》上卷(補)

老萊子, 楚人. 當時世亂, 逃世耕於蒙山之陽. 莞葭爲牆, 蓬蒿爲室, 枝木爲牀, 著艾爲席, 菹芰爲食, 墾山播種五穀. 楚王至門迎之, 遂去. 至於江南而止, 曰:「鳥獸之毛, 可績而衣, 其遺粒足食也.」老萊子孝養二親, 行年七十, 嬰兒自娛. 著五色采衣, 嘗取漿上堂跌仆, 因臥地爲小兒啼, 或弄烏鳥於親側.

9. 《小學》內篇 稽古 明倫

老萊子, 孝奉二親, 行年七十, 作嬰兒戲, 身著五色斑爛之衣. 嘗取水上堂, 詐跌仆臥地, 爲小兒啼, 弄雛於親側, 欲親之喜.

10. 《史記》老子列傳 〈正義〉

《列仙傳》云: 老萊子, 楚人. 當時世亂, 逃世耕於蒙山之陽, 莞葭爲牆, 蓬蒿爲室, 杖木爲牀, 著艾爲席, 菹芰爲食, 墾山播種五穀. 楚王至門迎之, 遂去, 至於江南而止. 曰:「鳥獸之解毛可績而衣, 其遺粒足食也.」

11. 司馬光 《家範》(4) 子上篇

老萊子, 孝奉二親, 行年七十, 作嬰兒戲, 身著五色斑爛之衣. 嘗取水上堂, 詐跌仆臥地, 爲小兒啼, 弄雛於親側, 欲親之喜.

戲綵娛親

周老萊子至孝奉二親極
其廿脘年七十歲
言不稱老
常著五綵
斑斕之衣
為嬰兒戲
舞於親側
又嘗取水
上堂詐
跌仆
地作
小兒
啼
以
娛
親
喜
霞山
戲

《中華二十四孝》삽화(日) 老萊子 '戲彩娛親'

018(本-18) 습심이기拾葚異器 ············ (漢) 蔡順

오디를 주워 두 그릇에 나누어 담은 채순

한漢나라 때 채순蔡順은 어려서 아버지를 잃고 어머니를 지극한 효성으로 모셨다.

마침 왕망王莽의 난을 만났고 그 해는 흉년이 들어 어머니를 모실 수 없어 뽕나무 열매 오디를 주우면서 각기 두 그릇에 나누어 담고 있었다.

그런데 적미병赤眉兵 도적들이 나타나 이 모습을 보고 그에게 물었다.

그러자 채순은 이렇게 대답하였다.

"검게 익은 것은 어머니께 드리려는 것이요, 아직 덜 익은 붉은 것은 내가 먹으려는 것입니다."

도적들은 그의 효성을 불쌍히 여겨 자신들이 가지고 있던 쌀 두 말과 우족 하나를 그에게 주어 돌려보냈다.

시를 지어 그의 효성을 칭송하노니 다음과 같다.

"검은 오디는 어머니께 드린다면서,
배고픔에 눈물이 옷깃 가득하구나.
적미병이 그의 효심을 알아보고는
우족과 쌀을 주어 돌려 보내주었네."

清, 王素(畫) 蔡順 '拾葚供親'

漢, 蔡順, 少孤, 事母至孝.

遭王莽亂, 歲荒不給, 拾桑葚, 以異器盛之.

赤眉賊見而問之, 順曰:「黑者奉母, 赤者自食」

賊憫其孝, 以白米三斗, 牛蹄一隻與之.

有詩爲頌, 詩曰:

『黑葚奉萱幃, 啼饑淚滿衣.

　赤眉知孝意, 牛米贈君歸』

任伯年"蔡順，拾葚奉親，感動赤眉"

【拾葚異器】뽕나무 열매인 오디를 주위 익은 정도의 색깔에 따라 구분하여 각기 다른 그릇에 담음. 그러나 일부 판본에는 '拾桑供母'로 되어 있으며 桑은 桑實, 즉 오디를 뜻하며 '葚'은 '椹'으로 표기함.

【蔡順】後漢 때 효성으로 이름난 인물. 曾子의 「嚙指心痛」과 똑같은 고사를 남기기도 하였음. 003을 참조할 것.《後漢書》周盤傳에 그의 전이 함께 실려 있음.

【少孤】어려서 아버지를 잃음. '幼而無父曰孤'라 함.

【王莽】字는 巨君(B.C.45~23). 漢 元皇后의 조카. 어려서 고아가 되어 독서 끝에 성망을 얻었음. 뒤에 太傅가 되어 安漢公에 봉해졌으며, 平帝가 죽은 후 겨우 두 살인 孺子 嬰을 옹립하고 자신은 攝皇帝가 되었다가 初始 元年(A.D.8) 정권을 찬탈, '新'을 세워 '西漢'의 종말을 고함. 그러나 천하의 혼란이 일어나 地皇 4年(23)에 劉玄·赤眉軍·綠林軍에게 살해되고 말았음.《漢書》(99)에 그 傳이 있음.

【歲荒】그 해에 흉년이 듦.

【不給】어머니를 보양할 수 없음.

【桑果】뽕나무 열매. 桑椹. 桑實. 즉 오디. 한자로는 심(椹, 葚)임.

【盛】'담다'의 동사.

【赤眉】동한 말 山東 琅琊의 樊崇이 굶주린 백성을 일으켜 泰山 일대에서 난을 일으켰으며, 자신들의 표지로 눈썹을 붉은 색을 칠하도록 하여 赤眉軍이라 불렸음.

【黑者】오디는 완전히 익었을 때는 검은 색이며 덜 익었을 때는 붉은 색임.

【三斗】일부 판본에는 '二斗'로 되어 있음.

【牛蹄】소의 족발. 牛足과 같음.

【黑葚】다른 판본에는 '分葚'으로· 되어 있음.

宋元代 畫像磚 蔡順 '拾葚供親'

【萱幃】'萱'은 훤당(萱堂)의 줄인 말. '幃'는 휘장 혹은 방을 뜻하여 흔히 '闈'로도 표기함. '훤당'은 '萱'은 '원추리' 즉 '萱草', '忘憂草', '宜男草'라고도 하며 고대 모친이 계신 방 뜰 앞에 이를 심었다 함. 이에 따라 어머니를 '萱堂'이라고 부름.(《博物志》)《幼學瓊林》에 "父母俱存, 謂之椿萱幷茂; 子孫發達, 謂之蘭桂騰芳"이라 함.

【啼饑淚滿衣】다른 판본에는 '饑啼淚滿衣'로 되어 있음.

【孝意】일부 판본에는 '孝心', 또는 '孝順'으로 되어 있음.

陳少梅(雲彰) 蔡順'拾葚異器'

徐燕孫 蔡順'拾葚異器'

1.《後漢書》周盤傳(蔡順)

磐同郡蔡順, 字君仲, 亦以至孝稱. 順少孤, 養母. 當出求薪, 有客卒至, 母望順不還, 乃噬其指, 順卽心動, 弃薪馳歸, 跪問其故. 母曰:「有急客來, 吾噬指以悟汝耳.」母年九十, 以壽終. 未及得葬, 里中災, 火將逼其舍, 順抱伏棺柩, 號哭叫天, 火遂越燒它室, 順獨得免. 太守韓崇召爲東閣祭酒. 母平生畏雷, 自亡後, 每有雷震, 順輒圜冢泣, 曰:「順在此.」崇聞之, 每雷輒爲差車馬到墓所. 後太守鮑衆舉孝廉, 順不能遠離墳墓, 遂不就. 年八十, 終于家.

《中華二十四孝》삽화(日) 蔡順 ‘拾葚供親’

2.《蒙求》(222. 蔡順分椹)

後漢, 蔡順字君仲, 汝南人. 少孤養母, 母終未葬, 里中災. 火將逼其舍, 順伏棺, 號哭叫天, 火遂越燒它室. 太守韓崇召爲東閣祭酒. 母平生畏雷, 自亡後, 每有雷震, 順輒圜冢泣曰:「順在此」崇聞輒差車馬到墓所. 後舉孝廉, 不就. 舊注云: 王莽末, 天下大荒. 順拾椹, 赤黑異器盛之. 赤眉賊見而問之. 順曰:「黑者奉母, 赤者自食」賊知其孝, 乃遺米二斗, 牛蹄一隻.

3.《抱朴子》微旨

蔡順至孝, 感神應之. 郭巨殺子爲親, 而獲鐵券之重賜.

清刻本《二十四孝圖》蔡順 '拾葚供親'

清刻本《二十四孝圖說》蔡順 '拾葚供親'

王震《一亭居士畫二十四孝圖》(근대)
蔡順 '拾葚供親'

019(本-19) 선침온금扇枕溫衾 ·········· (後漢) 黃香
여름에는 부채질로, 겨울에는
자신의 체온으로 아버지를 모신 황향

후한後漢 때 황향黃香은 나이 아홉에 어머니를 잃자 그 그리움이 오직 애절한 생각만 하고 있어 마을 사람들이 그를 효성스럽다 칭송하였다.

황향은 그러면서도 스스로 근면히 하여 고통을 참아내며 한뜻으로 아버지께 효성을 극진히 하여 모셨다.

여름날 더위가 기승을 부릴 때면 그는 부채로 아버지의 베개와 깔개를 부쳐 시원하게 해 드리고, 겨울날 추위가 닥쳐오면 자신의 체온으로 이부자리를 따뜻이 한 다음 아버지께 잠자리에 들도록 해 드렸다.

그곳 태수太守 유호劉護가 이를 알고 표를 올려 그의 효성을 현창하였다.

시를 지어 그의 효성을 칭송하노니 다음과 같다.

"겨울이면 아버지 이불을 자신의 체온으로 덥히고,
여름이면 부채로 베개를 시원하게 식혀드렸네.
어린 아이로서 아들 된 자의 직책을 알았으니,
천고에 오직 하나 황향이로다."

清，王素(畫) 黃香 '扇枕溫衾'

後漢, 黃香, 年九歲, 失母, 思慕惟切, 鄉人稱其孝.
香躬執勤苦, 一意事父盡孝.
夏天暑熱, 爲扇涼其枕簟; 冬天寒冷, 以身暖其被褥.
太守劉護表而異之.

有詩爲頌, 詩曰:

　『冬月溫衾暖, 炎天扇枕涼.
　　兒童知子職, 千古一黃香.』

任伯年"黃香扇簟，香後漢人"

【扇枕溫衾】여름에는 부채로 베개를 시원하게 해 드리고 겨울이면 자신의 체온으로 이불을 따뜻하게 해 드림.

【黃香】後漢 때의 학자. 자는 文强(文彊). 安陸 사람으로 經史에 밝고 문장과 도술에 뛰어나 당시 '天下無雙'이라 불렸음. 효성으로도 이름이 났던 인물. 《後漢書》 文苑傳에 전이 실려 있으며 《陶淵明集》에도 그 효행이 실려 있음. 여름에는 부채로 아버지 잠자리를 시원하게 하고 겨울이면 자신의 체온으로 자리를 따뜻하게 한 고사로 유명함.

【惟切】오직 그리워하는 마음 하나로 애절하게 생각함.

【躬執勤苦】스스로 부지런히 하며 고통을 참아냄.

【枕簟】'침점'으로 읽으며 베개와 돗자리. 그러나 다른 판본에는 '枕蓆'으로 되어 있음.

【被褥】이불과 요. 寢具. 다른 판본에는 '被席'으로 되어 있음.

【太守】관직 이름. 秦나라 때는 郡守라 불렸으며 漢 景帝 때 太守로 바꿈. 宋나라 이후에는 知府라 불렸음. 봉록이 2천 석이어서 흔히 '二千石'으로도 부름.

【劉護】인명. 당시 江夏太守였음.

【表】태수가 조정에 글을 올려 관할지역의 선행을 표창함을 말함. 흔히 마을 입구에 旌閭碑나 旌門을 세움.

《中華二十四孝》삽화(日) 黃香 '扇枕溫衾'

陳少梅(雲彰) 黃香 '扇枕溫衾'

1.《後漢書》文苑傳(上) 黃香

黃香字文彊, 江夏安陸人也. 年九歲, 失母, 思慕憔悴, 殆不免喪, 鄉人稱其
至孝. 年十二, 太守劉護聞而召之, 署門下孝子, 甚見愛敬. 香家貧, 內無僕妾,
躬執苦勤, 盡心奉養. 遂博學經典, 究精道術, 能文章, 京師號曰「天下無雙
江夏黃童」. 初除郎中, 元和元年, 肅宗詔香詣東觀, 讀所未嘗見書. 香後告休,
及歸京師, 時千乘王冠, 帝會中山邸, 乃詔香殿下, 顧謂諸王曰:「此'天下無
雙江夏黃童'者也.」左右莫不改觀.

2.《陶淵明集》士孝傳贊

黃香, 江夏人也. 九歲失母, 思慕鵠立, 事父竭力以致養, 冬無被袴而盡滋味,
暑則扇牀枕, 寒則以身溫席. 漢和帝嘉之, 特加異賜, 歷位恭勤, 寵祿榮親.
可謂「夙興夜寐, 無忝爾所生」者也.

3.《蒙求》(221. 黃香扇枕)

後漢, 黃香字文强, 江夏安陸人. 博學經典, 究精道術, 能文章. 京師號曰:
「天下無雙, 江夏黃童.」官至尙書令·魏郡太守. 陶淵明曰:「香九歲失母, 思慕
骨立. 事父竭力致養. 冬無被袴, 而盡滋味, 暑則扇牀枕, 寒則以身溫席.」和帝
嘉之, 特加異賜.

4.《小學》外篇 嘉言 廣立教

楊文公〈家訓〉曰:「童稚之學, 不止記誦, 養其良知良能, 當以先入之言爲主.
日記故事, 不拘今古, 必先以孝弟忠信禮義廉恥等事. 如黃香扇枕, 陸績懷橘,
叔敖陰德, 子路負米之類, 只如俗說, 便曉此道理, 久久成熟, 德性若自然矣.」

5.《藝文類聚》孝

黃香父爲郡五官. 貧無奴僕, 香躬執勤苦, 盡心供養. 冬無被蔥, 而親極滋味.
暑卽扇床枕, 寒卽以身溫席.

6.《三字經》

香九齡, 能溫席. 孝於親, 所當執.

清刻本《二十四孝圖》黃香 '扇枕溫衾'

清刻本《二十四孝圖說》黃香 '扇枕溫衾'

王震《一亭居士畫二十四孝圖》(근대)
黃香 '扇枕溫衾'

020(本-20) 용천약리湧泉躍鯉 ·········· (漢) 姜詩
샘이 솟아 잉어가 뛰어오른 강시 부부

한漢나라 때 강시姜詩는 어머니를 지극한 효성으로 모셨으니 그의 아내 방씨龐氏는 며느리로서의 시어머니 모시는 태도가 더욱 대단하였다.

어머니는 성품이 강수江水의 물을 마시기를 좋아하였는데, 그 물은 집에서 6,7리 거리에 있었지만 그의 처는 그 먼 곳까지 가서 물을 길어 어머니를 봉양하였다.

또 어머니는 물고기 회를 좋아하여 부부가 늘 생선회를 만들되 이를 자신 집안만 먹지 아니하고 이웃집 아낙도 불러 함께 먹곤 하였다.

그런데 뒤에 그의 집 곁에 갑자기 우물이 생겨 물이 솟더니 하루마다 잉어 두 마리씩이 뛰어오르는 것이었다. 이들은 그 때마다 이를 가져다 어머니를 봉양해 드렸다.

시를 지어 그의 효성을 칭송하노니 다음과 같다.

"집 곁에서 단 샘물이 솟구쳐 솟아나더니
　아침마다 두 마리 잉어가 뛰어올랐네.
　아들로서는 능히 항상 어머니께 효도할 수 있었고,
　며느리로서는 다시 시어머니께 효도할 수 있었네."

清, 王素(畫) 姜詩 '涌泉躍鯉'

漢, 姜詩, 事母至孝, 妻龐氏, 奉姑尤謹.
母性好飲江水, 去舍六七里, 妻出汲而奉母.
又嗜魚膾, 夫婦常作之; 又不能獨食, 召鄰母供食之.
後舍側忽有湧泉, 味如江水, 日躍雙鯉, 時時取以供母.

有詩爲頌, 詩曰:

『舍側甘泉出, 朝朝雙鯉魚.
　子能恆孝母, 婦更孝於姑.』

任伯年"姜詩，舍側得泉，味如江水，中有麥鯉，以奉其親"

【湧泉躍鯉】샘이 솟아 잉어가 뛰어올라 이로써 시어머니를 봉양함.

【姜詩】後漢 때 廣漢 사람으로 자는 士游. 그 아내 龐氏의 효성으로 더욱 널리 알려짐.《後漢書》列女傳 姜詩妻를 볼 것.

姜詩妻,《晚笑堂畫傳》

【妻龐氏】龐盛의 딸.

【姑】시어머니.

【謹】삼가 며느리로서의 도리를 아주 잘 수행함.

【江水】長江의 물.

【魚膾】물고기 회.

【鄰母】이웃집 어머니. '鄰'은 '隣'과 같음.

【舍側】집 곁.

【湧泉】샘물이 솟아오름. 저절로 샘물이 생겨 물이 솟아남.

【朝朝雙鯉魚】다른 판본에는 "一朝雙鯉魚"로 되어 있음.

【恆】'恒'자와 같음. 다른 판본에는 "子能知事母"로 되어 있음.

【婦更孝於姑】다른 판본에는 '婦亦孝其姑'로 되어 있음. 여기에서 '更'자를 쓴 것은 며느리가 한때 시어머니의 오해를 사서 이웃집으로 쫓겨난 적이 있었기 때문에 내용을 압축한 것으로 보임. 참고란을 볼 것.

참고 및 관련 자료

1.《後漢書》列女傳(姜詩妻)

廣漢姜詩妻者, 同郡龐盛之女也. 詩事母至孝, 妻龐奉順尤篤. 母好飲江水, 水去舍六七里. 妻常泝流而汲. 後值風, 不時得還, 母渴. 詩責而遣之. 妻乃寄止隣舍, 晝夜紡績, 市珍羞, 使隣母以意自遺其姑. 如是者久之, 姑怪問隣母. 隣母具對, 姑感慙呼還, 恩養愈謹. 其子後因遠汲溺死, 妻恐姑哀傷, 不敢言. 而託以行學不在. 姑嗜魚鱠, 又不能獨食, 夫婦常力作供鱠, 呼隣母共之. 舍側忽有湧泉, 味如江水, 每旦輒出雙鯉魚, 常以供二母之膳. 赤眉散賊經詩里, 弛兵而過. 曰:「驚大孝, 必觸鬼神」時歲荒, 賊乃遺詩米肉, 受而埋之, 比落蒙其安全. 永平三年, 察孝廉, 顯宗詔曰:「大孝入朝, 凡諸擧者一聽平之.」由是皆拜郎中. 詩尋除江陽令, 卒于家. 所居治, 鄉人爲立祀.

陳少梅(雲彰) 姜詩 '湧泉躍鯉'

徐燕孫 姜詩 '湧泉躍鯉'

2.《蒙求》(272. 姜詩躍鯉)

後漢, 姜詩廣漢人. 事母至孝, 妻龐奉順尤篤. 母好飲江水, 水去舍六七里, 妻常泝流而汲. 後值風, 不時得還, 母渴. 詩責而遣之. 妻寄止隣舍, 晝夜紡績, 市珍羞, 使隣母以意自遺其姑. 如是者久之, 姑怪問隣母. 隣母具對, 姑感慙呼還, 恩養愈謹. 其子後因遠汲溺死, 妻恐姑哀傷, 不敢言. 而託以行學不在. 姑嗜魚膾, 又不能獨食, 夫婦常力作供膾, 呼隣母共之. 舍側忽有湧泉, 味如江水, 每旦輒出雙鯉魚, 常以供二母之膳. 赤眉散賊經詩里, 弛兵而過. 曰:「驚大孝, 必觸鬼神.」時歲荒, 賊乃遺詩米肉, 受而埋之, 比落蒙其安全. 永平初舉孝廉拜郎中, 除江陽令.

宋元代 畫像磚 姜詩妻 '汲歸江水'

3.《太平御覽》(411) 孝感

《東觀漢紀》曰: 姜詩字士遊, 廣漢雒人, 遭值年荒, 與婦傭作養母. 賊經其里, 束兵安步云:「不可驚孝子」母好飲江水, 我常取水, 溺死. 夫婦痛, 恐母知, 詐云行學. 歲作衣投于江中, 俄而涌泉出於舍側, 味如江水, 井旦出鯉魚一雙.

4.《太平御覽》(863) 肉

《東觀漢紀》曰: 賊經姜詩墓, 不敢驚孝子, 致米肉. 詩埋之, 後史譴, 詩掘出示之.

5.《晚笑堂畫傳》(上)

詩妻以姑嗜魚膾, 又不能獨食, 與夫嘗力作供膾, 呼鄰母共之. 合(舍)側忽有涌泉, 味如江水, 每旦輒出雙鯉魚, 常以供二母之膳, 人以爲孝感.

廣漢姜詩妻者, 同郡龐盛之女也. 詩事母至孝, 妻奉順尤篤, 母好飲江水, 水去舍六七里, 妻嘗泝流而汲. 後值風, 不時得還, 母渴, 詩責而遣之. 妻乃寄止鄰舍, 晝夜紡績, 市珍饈使鄰母以意自遺其姑. 如是者久之, 姑怪問鄰母, 鄰母具對. 姑感慙呼還, 恩養愈謹, 其子後回遠汲溺死, 妻恐姑哀傷不敢言, 而託以行學不在.

《中華二十四孝》삽화(日) 江詩 '湧泉躍鯉'

6.《東觀漢紀》및 敦煌本《孝子傳》에도 실려 있음.

清刻本《二十四孝圖》姜詩'湧泉躍鯉'

清刻本《二十四孝圖說》姜詩'湧泉躍鯉'

王震《一亭居士畫二十四孝圖》(근대)
姜詩'湧泉躍鯉'

021(本-21) 문뢰읍묘閒雷泣墓 ·········· (魏) 王裒

우레 소리를 들을 때마다
어머니 무덤에 달려가 운 왕부

위魏나라 때 왕부王裒는 어머니를 지극한 효성으로 모셨다.

그의 어머니는 살아 계실 때 우레를 무척 두려워하였다. 돌아가시고 나서 그는 어머니를 숲 속에 장례를 치르게 되었다.

매번 비바람이 불고 우레의 신 아향阿香이 우레 소리를 내며 나타날 때면 그는 곧바로 어머니 묘소로 달려갔다.

그리고 절을 하고 무릎을 꿇고는 이렇게 고하는 것이었다.

"당신의 아들 부가 여기에 있습니다. 어머니 두려워하지 마십시오!"

시를 지어 그의 효성을 칭송하노니 다음과 같다.

"자애로운 어머니 우레 소리를 두려워하셨으니,
 얼음장처럼 놀라신 모습 무덤 속에 자고 있네.
 아향이 때때로 우레 소리 진동하면
 그 때마다 무덤으로 달려가 천 바퀴나 돌고 있네."

清, 王素(畫) 王裒 '聞雷泣墓'

魏, 王裒, 事母至孝.

母存日, 性畏雷, 旣卒, 殯葬於山林.

每遇風雨, 聞阿香響震之聲, 卽奔至墓所.

拜跪泣告曰:「裒在此, 母親勿懼!」

有詩爲頌. 詩曰:

『慈母怕聞雷, 冰魂宿夜臺.

　阿香時一震, 到墓繞千廻.』

任伯年 "王裒，闻雷泣墓"

【聞雷泣墓】 우레 소리를 들으면 곧바로 어머니 묘에 달려가 욻.

【王裒】 晉나라 때 인물. 자는 偉元. 王儀의 아들. 그의 아버지 왕의는 司馬昭(西晉의 文帝)가 등극하기 전 사마소가 安東將軍 으로 있을 때 그의 부하였으며 사마소가 魏나라 총독이 되어 吳나라를 공격하다가 패하자 사마소가 그 책임 소재를 묻는 자리에서 王儀가 감히 사마소를 지목하여 결국 사마소에게 죽임을 당하고 말았음. 그로 인해 왕부는 일생을 서진의 신하가 되지 않겠노라 결심하고 서쪽을 향해 앉지 않았다고 함. 일부 판본에는 '王褒'로 잘못 표기된 것도 있음.《晉書》孝友傳에 전이 있음.

宋元代 畫像磚 王裒 '聞雷泣墓'

【殯葬】 출상하여 매장함.

【阿香】 고대 전설에 우레 신(雷神, 雷公)의 수레를 미는 여자. 하늘의 雷部에서 수레를 미는 여신.(《續搜神記》) 義興의 周氏 성의 어떤 남자가 여행 중에 날이 저물어 성 밖에 자게 되었는데 어떤 여인이 나타나 함께 자기를 청하였다 함. 그런데 二更쯤에 밖에서 어떤 어린 아이가 "阿香, 官에서 수레를 밀어야 한다고 부르십니다"(阿香, 官喚汝推車)라 하여 불려 갔다 함. 그가 곧 하늘 나라 수레를 미는 '아향'이었다 함.《幼學瓊林》에 "雷部至捷 之鬼曰律令, 雷部推車之女曰阿香"이라 함.

【夜臺】 무덤 속을 일컫는 말. 李白의 〈哭善釀紀叟〉시에 "夜臺無曉日, 沽酒 與何人?"이라는 구절이 있음.

참고 및 관련 자료

1.《晉書》(88) 孝友傳(王裒)

王裒字偉元, 城陽營陵人也. 祖脩, 有名魏世. 父儀, 高亮雅直, 爲文帝司馬. 東關之役, 帝問於衆曰:「近日之事, 誰任其咎?」儀對曰:「責在元帥」帝怒曰: 「司馬欲委罪於孤邪!」遂引出斬之. 裒少立操尙, 行己以禮. 身長八尺四寸, 容貌絶異, 音聲淸亮, 辭氣雅正, 博學多能, 痛父非命, 未嘗西向而坐, 示不臣 朝廷也. 於是隱居敎授, 三徵七辟皆不就. 廬于墓側, 旦夕常至墓所拜跪, 攀柏

《中華二十四孝》삽화(日) 王裒 '聞雷泣墓'

陳少梅(雲彰) 王裒 '聞雷泣墓'

悲號, 涕淚箸樹, 樹爲之枯. 母性畏雷, 母沒, 每雷, 輒到墓曰:「裒在此.」及讀詩至'哀哀父母, 生我劬勞', 未嘗不三復流涕, 門人受業者並廢蓼莪之篇. 家貧, 躬耕, 計口而田, 度身而蠶. 或有助之者, 不聽. 諸生密爲刈麥, 裒遂棄之. 知舊有致遺者, 皆不受. 門人爲本縣所役, 告裒求屬令, 裒曰:「卿學不足以庇身, 吾德薄不足以蔭卿, 屬之何益! 且吾不執筆已四十年矣.」乃步擔乾飯, 兒負鹽豉草屬, 送所役生到縣, 門徒隨從者千餘人. 安丘令以爲詣己, 整衣出迎之. 裒乃下道至士牛旁, 磬折而立, 云:「門生爲縣所役, 故來送別.」人執手涕泣而去. 令卽放之, 一縣以爲恥.

2.《搜神記》(11)「王裒泣墓」

王裒字偉元, 城陽營陵人也. 父儀, 爲文帝所殺. 裒廬於墓側, 旦夕常至墓所拜跪, 攀柏悲號. 涕泣著樹, 樹爲之枯. 母性畏雷, 母沒, 每雷, 輒到墓曰:「裒在此.」

3.《小學》外篇 善行 實明倫

王裒, 字偉元, 父儀爲魏安東將軍司馬昭司馬. 東關之敗, 昭問於衆曰:「近日之事, 誰任其咎?」對曰:「責在元帥.」昭怒曰:「司馬, 欲委罪於孤耶?」遂引出斬之. 裒痛父非命, 於是, 隱居敎授. 三徵七辟, 皆不就. 廬于墓側, 旦夕, 常至墓所, 拜跪, 攀柏悲號, 涕淚著樹, 樹爲之枯. 讀《詩》之『哀哀父母, 生我劬勞』, 未嘗不三復流涕. 門人受業者, 並廢〈蓼莪〉之篇. 家貧躬耕, 計口而田, 度身而蠶. 或有密助之者, 裒皆不聽. 及司馬氏簒魏, 裒終身未嘗西向而坐, 以示不臣于晉.

4.《蒙求》(148. 王裒柏慘)

《晉書》: 王裒字偉元, 城陽營陵人. 少立操尙, 博學多能. 其父儀爲文帝司馬見殺. 裒痛父非命, 未嘗西向而坐, 示不臣朝廷也. 隱居敎授. 廬于墓側, 旦夕常至墓所拜跪, 攀柏悲號. 涕淚著樹, 樹爲之枯. 母性畏雷, 母沒, 每雷輒到墓曰:「裒在此!」及讀《詩》至『哀哀父母, 生我劬勞』, 未嘗不三復流涕. 門人受業者, 竝廢〈蓼莪〉之篇. 家貧, 躬耕, 計口而田, 度身而蠶. 或有助之者, 不聽. 舊本: 裒作襃非.

5.《詩經》小雅 蓼莪篇

蓼蓼者莪, 匪莪伊蒿. 哀哀父母, 生我劬勞. 蓼蓼者莪, 匪莪伊蔚. 哀哀父母, 生我勞瘁. 缾之罄矣, 維罍之恥. 鮮民之生, 不如死之久矣. 無父何怙, 無母何恃. 出則銜恤, 入則靡至. 父兮生我, 母兮鞠我. 拊我畜我, 長我育我, 顧我復我, 出入腹我. 欲報之德, 昊天罔極. 南山烈烈, 飄風發發. 民莫不穀, 我獨何害. 南山律律, 飄風弗弗. 民莫不穀, 我獨不卒.

清刻本《二十四孝圖》王裒 '聞雷泣墓'

清刻本《二十四孝圖說》王裒 '聞雷泣墓'

王震《一亭居士畫二十四孝圖》(근대)
王裒 '聞雷泣墓'

022(本-22) 각목사친刻木事親 ………… (漢) 丁蘭

어버이 형상을
나무로 조각하여 모신 정란

한漢나라 때 정란丁蘭은 어려서 부모님을 잃게 되어 제대로 모실 기회조차 얻지 못했다고 여겼다. 그리하여 그는 부모님의 고생을 늘 생각하고 그리워하며 나무로 두 분의 형상을 조각하여 이를 살아계신 것처럼 모시고 있었다.

그의 아내는 오랜 시간이 흐르자 점차 공경하는 마음이 사라져 한 번은 바늘로 장난삼아 그 목상木像의 손가락을 찔러보았다. 그랬더니 피가 나오는 것이었다.

목상은 정란을 보자 눈 속에 눈물을 흘리는 것이었다. 정란이 그 사정을 캐물어 알게 되자 그만 그 아내를 내쫓아 버렸다.

시를 지어 그의 효성을 칭송하노니 다음과 같다.

"나무를 조각하여 부모 모습을 만들었으니
그 모습과 얼굴이 살아계실 때와 똑같았네.
여러 자손과 조카들에게 이르노니,
오직 각기 자신의 어버이께 효도를 다할지라."

清, 王素(畫) 丁蘭 ‘刻木追奉’

漢, 丁蘭, 幼喪父母, 未得奉養, 而思念劬勞之恩, 刻木
爲像, 事之如生.
其妻久而不敬, 以針戲刺其指, 則血出.
木像見蘭, 眼中垂淚, 蘭問得其情, 遂將妻出棄之.

有詩爲頌, 詩曰:

『刻木爲父母, 形容如在時.
　寄言諸子姪, 各要孝親幃』

任伯年"丁蘭刻木, 蘭, 漢人. 幼喪父母, 刻木事之"

【刻木事親】나무에 어버이 형상을 그리고 조각하여 살아 계신 듯이 모심.

【丁蘭】한나라 때의 효자 이름. 사적이 자세하지는 않으나 효성으로 민간에 널리 이름이 났던 인물. 부모의 상을 대신하는 말로 '丁憂', '丁蘭憂'라 함. 《晉書》吳隱之傳에 "吳隱之字處黙, 濮陽鄄城人. 博涉文史, 以儒雅標名. 弱冠而介立, 有淸操. 年十餘, 丁父憂, 每號泣, 行人爲之流涕."라 함.

【劬勞之恩】자신을 낳아 기르면서 고생을 하신 부모님의 은혜를 일컫는 말. 참고란을 볼 것.

【刻木】나무로 어버이의 상을 조각하여 이를 사당에 모시고 아침저녁으로 절을 올림.

【戲刺其指】희롱으로 시험삼아 바늘로 어버이 조각상 손가락을 찔러봄.

【形容】형상과 용모.

【子姪】아들들과 조카들. 응당 효성을 다해야 할 자녀와 후손들. 일부 판본에는 '子侄'로 되어 있음.

【親幃】일부 판본에는 '親闈'로 되어 있으며 어버이를 대신하는 말로 쓰였음.

宋元代 畫像磚 丁蘭 '刻木事親'

【詩】다른 판본에는 "刻木爲父母, 形容日在身. 寄言諸子侄, 及早孝雙親"으로 되어 있어 押韻이 다름.

참고 및 관련 자료

1. 《蒙求》(208. 丁蘭刻木)
《孝子傳》: 丁蘭事母孝. 母亡, 刻木爲母事之. 蘭婦誤, 以火燒母面, 應時髮落如割.

2. 《搜神記》佚文
丁蘭, 河内野王人. 年十五, 喪母. 乃刻木作母事之, 供養如生. 隣人有所借, 木母顔和則與, 不和不與. 後隣人忿蘭, 盜斫木母, 應刀血出. 蘭乃殯殮, 報讐. 漢宣帝嘉之, 拜中大夫.

3. 《詩經》小雅 蓼莪篇
蓼蓼者莪, 匪莪伊蒿. 哀哀父母, 生我劬勞. 蓼蓼

金代 磚雕 丁蘭 '刻木事親'

陳少梅(雲彰) 丁蘭'刻木事親'

徐燕孫 丁蘭'刻木事親'

者莪, 匪莪伊蔚. 哀哀父母, 生我勞瘁. 缾之
罄矣, 維罍之恥. 鮮民之生, 不如死之久矣.
無父何怙, 無母何恃. 出則銜恤, 入則靡至.
父兮生我, 母兮鞠我. 拊我畜我, 長我育我,
顧我復我, 出入腹我. 欲報之德, 昊天罔極.
南山烈烈, 飄風發發. 民莫不穀, 我獨何害.
南山律律, 飄風弗弗. 民莫不穀, 我獨不卒.

4.《太平御覽》(413) 孝(中)

孫盛《逸人傳》曰: 丁蘭者, 河內人也. 少喪
考妣, 不及供養, 乃刻木爲人, 髣髴親形,
事之若生, 朝夕定省. 後鄰人張叔妻從蘭妻
借看, 蘭妻跪投木人, 木人不悅, 不以借之.

《中華二十四孝》 삽화 (日) 丁蘭 '刻木事親'

叔醉疾來, 酗罵木人, 杖敲其頭. 蘭還見木人, 色不懌, 乃問, 其妻具以告之, 卽奮
劍殺張叔. 吏捕蘭, 蘭辭木人去, 木人見蘭爲之垂淚. 郡縣嘉其至孝, 通於神明,
圖其形像於雲臺也.

5.《太平御覽》(482) 仇讎(下)

《搜神記》曰: 丁蘭, 河內野王人. 年十五, 喪母. 乃刻木作母事之, 供養如生.
隣人有所借, 木母顏和則與, 不和不與. 後隣人忿蘭, 盜斫木母, 應刀血出. 蘭乃
殯殮, 報讐. 漢宣帝嘉之, 拜中大夫.

6.《太平御覽》(817) 絹

《孝子傳》曰: 董永父終, 貧不遂葬, 以身質錢一萬. 旣葬, 就後逢一女子, 求與永
爲妻云:「能織絹.」永詣主人, 主人令織一旬三百疋, 債足. 女辭去曰:「我天之
織女也. 帝見君孝, 使我共償耳.」因遂不見.

宋元代 畫像磚 丁蘭 '刻木事親'

漢代 畫像石 '刻木事親'

清刻本《二十四孝圖》丁蘭'刻木事親'

清刻本《二十四孝圖說》丁蘭'刻木事親'

王震《一亭居士畫二十四孝圖》(근대)
丁蘭'刻木事親'

023(本-23) 곡죽생순哭竹生筍 ·········· (三國) 孟宗

대나무를 붙잡고 울자
겨울에 죽순이 솟아난 맹종

삼국三國 시대 맹종孟宗은 자가 공무恭武였으며 어려서 아버지를 잃고, 어머니는 늙어 병이 들어 위독하였다.

겨울이었는데 그는 죽순을 구해 어머니께 국을 끓여 드릴 생각을 하였으나 겨울이라 죽순을 구할 수가 없었다.

그리하여 대숲으로 가서 대나무를 껴안고 울었다.

그러자 효성에 천지가 감동하여 잠깐 사이 땅이 갈라지며 죽순 몇 줄기가 솟아나는 것이었다.

그는 이를 가져다 국을 끓여 어머니를 봉양하였다. 어머니는 그 죽순국을 다 잡숫고 나자 병이 나았다.

시를 지어 그의 효성을 칭송하노니 다음과 같다.

"눈물이 겨울 바람 찬데 방울져 떨어지고,
 사각사각 대나무 몇 그루가 바람에 소리내네.
 잠깐 사이 겨울에 죽순이 솟아오르니
 하늘이 그 집안 평안하도록 보답을 해주었네."

清, 王素(畫) 孟宗 '哭竹得筍'

三國時, 孟宗, 字恭武, 少喪父, 母老病篤.
冬月思筍煮羹食, 宗無計可得, 乃往竹林中, 抱竹而泣.
孝感天地, 須臾地裂, 出筍數莖.
持歸, 作羹奉母, 食畢病愈.

有詩頌之, 詩曰:

『淚滴朔風寒, 蕭蕭竹數竿.
　須臾冬筍出, 天意報平安.』

任伯年"孟宗，吴人，母老疾篤，冬月思筍不可得，乃抱竹哭之，須臾地裂出筍，持歸奉母，食畢疾愈"

【哭竹生筍】대나무를 붙잡고 울자 죽순이 솟아남. '筍'은 '笋'과 같으며 일부 판본에는 '笋'으로 되어 있음.

【孟宗】삼국시대 吳나라 인물. 江夏 사람으로 자는 恭武(다른 판본에는 '武恭'으로 되어 있음.) 본명은 孟宗. 孫皓의 字인 元宗의 휘를 피하여 孟仁으로 이름을 바꿈. 孫皓 때 司空에 올랐으며 효도로도 이름이 높았음.

金代 磚雕 孟宗 '哭竹生笋'

【少喪父】일부 판본에는 '少孤'로 되어 있음.

【病篤】병이 심해짐. 병으로 위독함.

【冬月】겨울철. 일부 판본에는 '冬日'로 되어 있음.

【抱竹】죽순을 얻기 위해 대나무를 껴안고 읾.

【須臾】아주 짧은 시간을 뜻하는 疊韻連綿語.

【病愈】일부 판본에는 '疾愈'로 되어 있음.

【朔風】'朔'은 朔方. 북쪽을 뜻함. 삭풍은 겨울의 北風.

【蕭蕭】바람에 나뭇잎 등이 흔들리는 모습을 표현하는 말.

宋元代 畫像磚 孟宗 '哭竹生筍'

宋元代 畫像磚 孟宗 '哭竹生筍'

陳少梅(雲彰) 孟宗'哭竹生笋'

徐燕孫 孟宗'哭竹生筍'

1. 《三國志》(48) 〈吳書〉(3) 孫皓傳의 주

《吳錄》曰: (孟)仁字恭武, 江夏人也. 本名宗, 避皓字, 易焉. 少從南陽李肅學.

其母爲作厚褥大被, 或問其故, 母曰:「小兒無德
致客, 學者多貧, 故爲廣被, 庶可得與氣類接也.」
其讀書, 夙夜不解. 肅奇之曰:「卿宰相器也.」初爲
驃騎將軍朱據軍吏, 將母在營. 旣不得志, 又夜雨
屋漏, 因起涕泣, 以謝其母, 母曰:「但當勉之, 何足
泣也?」據亦稍知之, 除爲監池司馬. 自能結網, 手以
捕魚, 作鮓寄母. 母因以還之, 曰:「汝爲魚官, 而以
鮓寄我, 非避嫌也.」遷吳令. 時皆不得將家之官, 每得
時物, 來以寄母, 常不先食. 及聞母亡, 犯禁委官,
語在權傳, 特爲減死一等, 復使爲官, 蓋優之也.

宋元代 畫像磚 孟宗 '哭竹生筍'

2. 《三國志》(48) 〈吳書〉(3)에 인용된 《楚國先賢傳》

《楚國先賢傳》曰: 宗母嗜筍. 冬節將至. 時筍尙未生, 宗入竹林哀嘆, 而筍爲
之出, 得以供母. 皆以爲至孝所感. 累遷光祿勳, 遂至公矣.

3. 《蒙求》(102. 孟宗寄鮓)

《吳錄》: 孟仁字恭武, 本名宗, 江夏人.
少從李肅學. 其母爲作厚蓐大被曰:「小兒
無德致客, 學者多貧, 故爲廣被, 庶可得與
氣類接也.」其讀書, 夙夜不解. 肅奇之曰:
「卿宰相器也.」除監池司馬. 自能結網,
手以捕魚, 作鮓寄母. 母以還之, 曰:「汝爲
魚官, 而以鮓寄我, 非避嫌也.」遷吳令.
時皆不得將家之官. 每得時物, 來以寄母,
常不先食. 《楚國先賢傳》曰: 宗母嗜筍.
冬節將至. 時筍尙未生, 宗入竹林哀歎,
而筍爲之出, 得以供母. 皆以爲至孝所感.
仕孫皓至司空.

《中華二十四孝》삽화(日) 孟宗 '哭竹生筍'

清刻本《二十四孝圖》孟宗 '哭竹生筍'

清刻本《二十四孝圖說》孟宗 '哭竹生筍'

王震《一亭居士畫二十四孝圖》(근대)
孟宗 '哭竹生筍'

024(本-24) 척친뇨기滌親溺器 ‧‧‧‧‧‧‧‧‧‧‧ (宋) 黃庭堅
어머니의 요강을
직접 세척한 태사 황정견

송宋나라 때 황정견黃庭堅은 호가 산곡山谷이며 철종의 원우元祐 때에
태사太史라는 높은 지위에 오른 인물이었다.

그는 성품이 지극히 효성스러워 그 신분이 비록 귀하고 현달한 지위
였지만 어머니를 온갖 정성을 다해 모셨다.

매일 저녁이 되면 그는 스스로 어머니의 요강을 직접 세척하였으며
일찍이 일각一刻도 아들 된 자로서의 직분을 제대로 하지 않은 적이 없었다.

시를 지어 그의 효성을 칭송하노니 다음과 같다.

"귀하고 현달한 신분으로 천하에 소문이 퍼졌지만
 평소 한결같이 어버이를 효성으로 모셨다네.
 몸소 직접 어머니 요강을 씻어드리며
 노비나 첩에게 이를 하도록 허락하지 않았다네."

清，王素(畫) 黃庭堅 '親滌溺器'

宋, 黃庭堅, 號山谷, 元祐中, 爲太史.
性至孝, 身雖貴顯, 奉母盡誠.
每夕, 親自爲洗滌溺器, 未曾有一刻不供人子之職.

有詩爲頌, 詩曰:

『貴顯聞天下, 平生孝事親.
　親自滌溺器, 不用婢妾人.』

任伯年"黄庭堅, 汴宋人"

【滌親溺器】어머니의 요강을 자신이 씻음. '溺'는 '尿'와 같으며 '뇨'로 읽음. 溺器(尿器)는 요강.

【宋】唐 五代를 지나 중국에 들어섰던 왕조. 太祖 趙匡胤이 960년 後周를 이어 汴京(지금의 開封)을 도읍으로 세웠던 나라. 북쪽 遼(거란)와 金(女眞)의 핍박을 받아 9대 欽宗(趙桓) 때 나라를 잃었으며 이 기간을 북송(960~1127)이라 함. 뒤를 이어 고종(趙構)이 남쪽 臨安(지금의 浙江省 杭州)으로 옮겨 명맥을 유지하다가 8대 帝昺에 이르러 元(蒙古)에게 망함. 이 기간을 남송(1127~1279)라 함. 黃庭堅은 북송 철종(7대 황제) 때 인물임.

【黃庭堅】北宋 洪州 分寧(지금의 江西 修水縣) 사람. 나는 魯直(1045~1105). 호는 涪翁, 山谷道人. 英宗 때 진사에 올라 神宗 때 北京國子監 敎授에 오름. 文彦博에게 신임을 얻어 太和縣 현령을 지냈으며, 哲宗 때 秘書丞兼國史編修官을 거쳐 宣州, 鄂州 등의 자사를 지내기도 함. 뒤에 章惇과 蔡卞의 탄핵을 입어 涪州別駕로 좌천되었다가 徽宗 때 다시 복직되기도 하였음. 詩詞 文章에 밝아 蘇軾의 칭송을 받았고 張耒, 晁補之, 秦觀과 함께 蘇門四學士로 칭함. 그의 시는 杜甫를 높이 여겨 江西詩派을 창립하기도 함. 그 외에 行書와

黃文節(黃庭堅)《晩笑堂畫傳》

草書, 楷書 등에도 뛰어나 서예가로도 이름을 날렸음.《宋史》(444) 文苑傳에 전이 실려 있음.

【元祐】北宋 哲宗(趙煦)의 연호. 1086~1093년까지 8년간.

【太史】관직 이름. 고대 三公의 하나. 아주 높은 지위였음. 고대에는 史官과 曆官의 우두머리였으며 明淸 이후에는 翰林을 太史라 불렀음.

【貴顯】신분이 귀하고 현달한 사람.

【一刻】아주 짧은 시간. 원래 15분 정도의 시간을 말함.

【平生】평소의 생활. 언제나 변함 없는 日常.

【親自滌溺器, 不用婢妾人】일부 판본에는 '不辭常滌溺, 焉用婢生嗔'으로 되어 있음. '嗔'은 '성을 냄, 나무람, 꾸지람을 함'의 뜻.

陳少梅(雲彰) 黃庭堅 '滌親溺器'

徐燕孫 黃庭堅 '躬滌溺器'

1. 黃庭堅의 이 고사는 正史에는 실려 있지 않으며 단지 "丁母艱. 庭堅性篤孝, 母病彌年, 晝夜視顔色, 衣不解帶, 及亡, 廬墓下, 哀毁得疾幾殆"라 하였고, 蘇軾(東坡)은 그를 "瓌偉之文, 妙絶當世, 孝友之行, 追配古人"이라 칭찬한 구절만 들어 있음.

2.《宋史》(444) 文苑傳 黃庭堅

黃庭堅字魯直, 洪州分寧人. 幼警悟, 讀書數過輒成誦. 舅李常過其家, 取架上書問之, 無不通., 常驚, 以爲一日千里. 擧進士, 調葉縣尉. 熙寧初, 擧四京學館, 第文爲優, 教授北京國子監, 留守文彦博才之, 留再任. 蘇軾嘗見其詩文, 以爲超軼絶塵, 獨立萬物之表, 世久無此作, 由是聲名始震. 知太和縣, 以平易爲治. 時課頒鹽筴, 諸縣爭占多數, 太和獨否, 吏不悅, 而民安之.

黃庭堅(山谷, 魯直)《三才圖會》

哲宗立, 召爲校書郎·《神宗實錄》檢討官. 逾年, 遷著作佐郎, 加集賢校理. 《實錄》成, 擢起居舍人. 丁母艱. 庭堅性篤孝, 母病彌年, 晝夜視顔色, 衣不解帶, 及亡, 廬墓下, 哀毁得疾幾殆. 服除, 爲秘書丞, 提點明道宮, 兼國史編修官. 紹聖初, 出知宣州, 改鄂州. 章惇·蔡卞與其黨論《實錄》多誣, 俾前史官分居畿邑以待問, 摘千餘條示之, 謂爲無驗證. 旣而院吏考閱, 悉有據依, 所餘才三十二事. 庭堅書「用鐵龍爪治河, 有同兒戲」. 至是首問焉. 對曰:「庭堅時官北都, 嘗親見之, 眞兒戲耳.」凡有問, 皆直辭以對, 聞者壯之. 貶涪州別駕, 黔州安置, 言者猶以處善地爲訕法. 以親嫌, 遂移戎州, 庭堅泊然, 不以遷謫介意. 蜀士慕從之游, 講學不倦, 凡經指授, 下筆皆可觀.

徽宗卽位, 起監鄂州稅, 簽書寧國軍判官, 知舒州, 以吏部員外郎召, 皆辭不行. 丐郡, 得知太平州, 至之九日罷, 主管玉隆觀. 庭堅在河北與趙挺之有微隙, 挺之執政, 轉運判官陳擧承風旨, 上其所作〈荊南承天院記〉, 指爲幸災, 復除名, 羈管宜州. 三年, 徙永州, 未聞命而卒, 年六十一.

庭堅學問文章, 天成性得, 陳師道謂其詩得法杜甫, 學甫而不爲者. 善行·草書, 楷法亦自成一家. 與張耒·晁補之·秦觀俱游蘇軾門, 天下稱爲四學士, 而庭堅於文章尤長於詩, 蜀·江西君子以庭堅配軾, 故稱'蘇黃'. 軾爲侍從時, 擧以自代,

清刻本《二十四孝圖》黃庭堅 '滌親溺器'

清刻本《二十四孝圖說》黃庭堅 '滌親溺器'

王震《一亭居士畫二十四孝圖》(근대)
黃庭堅 '滌親溺器'

其詞有「瓌偉之文, 妙絶當世, 孝友之行, 追配古人」之語, 其重之也如此. 初,
游灊皖山谷寺·石牛洞, 樂其林泉之勝, 因自號山谷道人云.

黃庭堅 글씨 "品高皆自倫常起,
文厚須從典籍來'

黃庭堅 글씨 《砥柱銘》

《中華二十四孝》삽화(日) 黃庭堅 '滌親溺器'

Ⅱ.《二十四孝》別錄 (淸, 高月槎)

이는 청대 道光(1821~1850) 연간에 간행된 《효행록孝行錄》의 석온옥
石韞玉 서문에 "世傳《二十四孝》一書, 不知何人所著, 凡采取子史所載
孝行二十四則集爲一編, 向時鄕塾都有之, 今高君月槎復別錄二十四事
以廣之. 又每事繫之一詩, 以致其長言咏嘆之意"라 하여 고월사高月槎가
따로 편집한 것이며 그에 따를 시구 역시 그가 지어 첨부한 것이다.

《이십사효》 별록(청, 고월사)
宋元代 畫像磚. '行傭供母'(008), '齧指心痛'(003), '拾葚異器'(018)를 표현한 것

025(別-1) 침문삼조寢門三朝 ·········· (周) 文王

하루에 세 번
아버지 침실에 문안을 드린 주 문왕

주周나라 문왕文王 희창姬昌은 세자였을 때, 아버지 왕계王季를 하루에 세 번씩 조알朝謁하였다.

닭이 처음 울면 의복을 갖추고 아버지 침실 문 밖에 이르러 내수內竪의 어자御者에게 이렇게 물었다.

"오늘 아버님은 편안하시냐?"

내수는 이렇게 대답하였다.

"편안하십니다."

문왕은 그제야 기뻐하였다.

그리고 정오가 되면 다시 찾아와 똑같이 하였으며 저녁때도 역시 찾아와 이렇게 하였다.

만약 편안하지 못함이 있으면 내수가 이를 알려주었으며 그렇게 되면 문왕은 얼굴색에 수심에 젖어 걸음에 신도 제대로 신지 못하였다. 그러다가 왕계가 다시 식사를 할 수 있게 된 연후에야 처음처럼 제 정신을 차리는 것이었다.

식사를 올릴 때면 반드시 그 음식의 차고 따뜻한 정도를 살폈고, 식사를 마칠 때면 식사가 어떠하였는지를 여쭌 다음에야 물러났다.

"첫닭 울음소리 나면 즉시 일어나
　하루 세 번을 어버이 침실을 찾았다네.
　안부를 여쭙고 식사를 살펴드리며,
　온 힘을 다해 아침저녁으로 받들어 모셨다네."

周 文王 ‘寢門三朝’(岳麓書社本 揷花)

周, 文王姬昌, 爲世子時, 朝於王季日三. 鷄初鳴而衣服,
至於寢門外, 問內豎之御者曰:「今日安否?」

內豎曰:「安」

文王乃喜.

及日中又至, 亦如之, 及暮又至, 亦如之.

有不安, 則內豎以告, 文王色憂, 行不能正履,
王季復膳, 然後如初.

食上, 必視寒暖之節; 食下, 問所以膳之狀, 然後退.

周 文王(姬昌)

『自聽鷄鳴起, 三番到寢門.
　　問安兼視膳, 竭力奉晨昏.』

【寢門三朝】어버이 주무시는 방 문 앞에 하루에 세 번씩 조알(朝謁)하여
　문안을 드림.

【周】고대 나라 이름. 대체로 기원전 11세기쯤에 지금의 陝西 岐縣의 周原
　에서 발흥하였으며 원래 后稷의 후대 고공단보(古公亶父)

周 文王《三才圖會》

　때에 岐山으로 옮겨 비로소 초보적인 조직을 갖추었음.
　고공단보의 아들 泰伯, 虞仲, 季歷이 있어 그 중 계력이
　어질고 똑똑하여 지위를 이어받았으며 그 지위가 文王,
　武王으로 이어졌음. 武王 때 殷을 멸하고 천하를 차지
　하여 아버지를 文王으로 추존하고 아우 周公(姬旦)이
　文物制度를 완비, 최초의 명실상부한 封建國家를 이룩
　하였음.《史記》周本紀 참조.

【文王】周나라 초기 임금. 季歷의 아들이며 이름은 昌(姬昌). 殷나라 말기
　서쪽의 지도자가 되어 흔히 西伯으로 불렸으며 儒家의 聖人으로 존중
　받음. 그 아들 武王(姬發)이 殷나라 末王 紂를 멸하고 천하를 차지함.

【世子】다음 왕이 될 아들. 당시 周나라는 天子國이 아니었으므로 '世子'라
   한 것. 아버지 季歷도 周民族의 領袖였으며 정식 왕은 아니었음.
【王季】季歷. 文王의 아버지. 고공단보(太公)의 셋째 아들. 그의 형 泰伯과
   虞仲은 아우 계력에게 왕위가 이어지도록 하기 위하여 멀리 吳 땅으로
   피하여 그곳의 시조가 됨.《史記》吳泰伯世家 및《論語》泰伯篇 참조.
【內豎】왕의 침전 앞에서 지키는 임무를 맡은 자.
【御者】謁者와 같음. 왕의 침전을 드나들며 그곳 內豎에게 밖의 일을 전달
   하는 임무를 맡음.
【晨昏】'昏定晨省'과 같음. 줄여서 '定省'이라고도 함. 저녁에는 잠자리를
   보아드리고 아침이면 문안을 드리는 아들로서의 효도.《禮記》曲禮(上)에
   "凡爲人子之禮: 冬溫而夏淸, 昏定而晨省, 在醜夷不爭"이라 함.

참고 및 관련 자료

1.《禮記》文王世子
文王之爲世子, 朝於王季, 日三. 雞初鳴而衣服, 至於寢門外, 問內豎之御者曰:
「今日安否何如?」內豎曰:「安」文王乃喜. 及日中, 又至, 亦如之. 及莫, 又至,
亦如之. 其有不安節, 則內豎以告文王, 文王色憂, 行不能正履. 王季腹膳, 然後
亦復初. 食上, 必在, 視寒煖之節, 食下, 問所膳; 命膳宰曰:「末有原!」應曰諾,
然後退.

2.《小學》內篇 稽古 明倫
文王之爲世子, 朝於王季日三. 雞初鳴, 而衣服, 至於寢門外, 問內豎之御者曰:
「今日安否何如?」內豎曰:「安」文王乃喜. 及日中又至, 亦如之; 及莫又至,
亦如之. 其有不安節, 則內豎以告文王, 文王色憂, 行不能正履. 王季復膳, 然後
亦復初. 食上, 必在視寒暖之節, 食下問所膳, 命膳宰曰:「末有原」應曰:「諾」
然後退.

3. 司馬光《家範》(4) 子上篇
文王之爲世子, 朝於王季日三. 雞初鳴, 而衣服, 至於寢門外, 問內豎之御者曰:
「今日安否何如?」內豎曰:「安」文王乃喜. 及日中又至, 亦如之; 及莫又至,
亦如之. 其有不安節, 則內豎以告文王, 文王色憂, 行不能正履. 王季復膳, 然後
亦復初. 武王帥而行之, 不敢有加焉. 文王有疾, 武王脫冠帶而養, 文王一飯
亦一飯, 文王再飯亦再飯. 旬有二日乃間.

026(別-2) 투강멱부投江覓父 ·········· (漢) 曹娥

물에 뛰어들어
아버지 시신을 찾은 조아

한漢나라 때 조아曹娥는 상우上虞 사람으로 조우曹盱의 딸이었다.

조우는 무축巫祝으로써 능히 계절마다 맞추어 노래로 신을 모셔 즐겁게 해 드리는 일을 맡았었다.

오월 오일, 그는 강물을 거슬러 올라가다가 그만 물에 빠져 죽고 말았는데 그 시신을 찾아낼 수가 없었다.

조아는 당시 열네 살로 강물을 따라가면서 울부짖었다. 이윽고 참외를 강에 던지면서 이렇게 빌었다.

"아버지의 시신이 있는 곳이면 이 참외가 응당 잠겨들게 해 주소서."

열흘하고 이레가 지나 한 곳에 이르러 과연 참외가 물에 잠겨들었고, 조아는 드디어 그 물로 몸을 던졌다.

그리고 닷새가 지나 그는 아버지의 시신을 업은 채 물 위로 나왔는데 안색이 살아 있는 모습과 같았다.

읍 사람들은 이렇게 죽은 조아를 위해 효녀묘孝女廟를 세웠다.

"아버지가 익사하여 시신을 찾을 수 없게 되자,
참외를 던져 급히 흐르는 물을 따라 내려갔네.
우뚝 솟은 강가의 저 효녀사당,
천년을 두고 효성으로 그 이름 남아 있네."

曹娥 '投江覓父'

漢, 曹娥, 上虞人, 曹盱之女.

盱爲巫祝, 能撫節按歌以悅神.

五月五日, 逆流而上, 爲水所淹, 尸不能得.

娥年十四, 沿江號泣. 旣而投瓜于江, 祝曰:「父尸所在,
瓜當沉」

旬有七日, 至一處, 瓜沉, 遂投水.

經五日, 負父尸出, 顔色如生.

邑人爲立曹娥孝女廟.

『父溺尸難覓, 投瓜赴急流.
　巍巍江上廟, 千載孝名留.』

【投江覓父】 강물에 뛰어들어 아버지의 시신을 찾음.

【曹娥】 漢나라 때 曹盱의 딸이 曹娥였는데 아버지가 강에 익사하여 그
시체를 찾을 수가 없었음. 曹娥는 14세의 나이로 아버지의 시신을 찾지
못하자 슬피 울며 강에 빠져 죽어 5일이 지난 후 아버지의 시체를 껴안은
채 발견되었음. 당시 현감(度尙)이 그 효를 추모하여 장례를 치른 후 비를
세웠는데, 그 비문의 문장이 절묘(絶妙)하고 좋은 말(好辭)이었다고 함.
《後漢書》 孝女傳 참조. 한편 《異苑》에 의하면 이 여덟 자는 후한 때의
蔡邕이 비문을 읽은 뒤 감탄하여 새겼다고 함. 조조가 이것을 읽고도
알지 못했기 때문에 신하들에게 물었는데 아는 사람이 없어 냇가에서
빨래를 하던 여자가 네 번째 수레에 탄 사람이 풀 수 있다고 말하였으며,
그가 禰衡으로 그는 離合의 뜻으로 이것을 풀었다고 하며 빨래하던 여자는
조아의 영혼이었다고 함. 《世說新語》에도 그 일화가 실려 있음.

【上虞】 지명.

【巫祝】무당과 같음. 푸닥거리나 굿을 하여 신을 모시고 병을 치료하며 액을 제거해 주는 일을 업으로 하는 사람.

【以悅神】산천의 신들에게 노래로써 달래고 즐겁게 하여 재앙을 내리지 말 것을 비는 일을 함.

【五月五日】고래로 중국에서는 이 날을 역신이 활동을 시작하여 질병을 퍼뜨리며 그 날 태어난 자는 어버이를 죽인다는 등 불길한 날로 여겨 무축이 이를 막기 위해 행사를 열었음.《史記》孟嘗君列傳에 "初, 田嬰有子四十餘人, 其賤妾有子名文, 文以五月五日生. 嬰告其母曰:「勿擧也.」其母竊擧生之. 及長, 其母因兄弟而見其子文於田嬰. 田嬰怒其母曰:「吾令若去此子, 而敢生之, 何也?」文頓首, 因曰:「君所以不擧五月子者, 何故?」嬰曰:「五月子者, 長與戶齊, 將不利其父母.」라 함. 뒤에는 屈原의 죽음에 연유되어 남방에서부터 端午節로 행사를 치르게 되었음.

<hr>

참고 및 관련 자료

1.《後漢書》列女傳(曹娥)

孝女曹娥者, 會稽上虞人也. 父盱, 能絃歌, 爲巫祝. 漢安二年五月五日, 於縣江泝濤(迎)婆娑迎神. 溺死, 不得屍骸. 娥年十四, 乃沿江號哭, 晝夜不絶聲, 旬有七日, 遂投江而死. 至元嘉元年, 縣長度尙改葬娥於江南道傍, 爲立碑焉.

注(1) 娥投衣於水, 祝曰:「父屍所在衣當沈.」衣隨流而至一處而沈, 娥遂隨衣而沒. '衣'字或作'瓜'. 見項原《列女傳》也.

注(2)《會稽典錄》曰:「上虞長度尙弟子邯鄲淳, 字子禮. 時甫弱冠, 而有異才. 尙先使魏朗作曹娥碑, 文成未出, 會朗見尙, 尙與之飮宴, 而子禮方至督酒. 尙問朗碑文成未? 朗辭不才, 因試使子禮爲之, 操筆而成, 無所點定. 朗嗟歎不暇, 遂毁其草. 其後蔡邕又題八字曰:『黃絹幼婦, 外孫齏臼.』」

2.《世說新語》捷悟篇

魏武嘗過曹娥碑下, 楊脩從, 碑背上題作「黃絹·幼婦·外孫·齏臼」八字. 魏武謂脩:「卿解不?」答曰:「解.」魏武曰:「卿未可言, 待我思之.」行三十里, 魏武乃曰:「吾已得!」令脩別記所知. 脩曰:「『黃絹』, 色絲也, 於字爲『絶』;『幼婦』, 少女也, 於字爲『妙』;『外孫』, 女子也, 於字爲『好』;『齏臼』, 受辛也, 於字爲『辭』; 所謂『絶妙好辭』也.」魏武亦記之, 與脩同; 乃歎曰:「我才不如卿, 三十里覺!」

3.《會稽典錄》

孝女曹娥者, 上虞人. 父盱, 能撫節按歌, 婆娑樂神. 漢安二年, 迎伍君神, 泝濤而上, 爲水所淹, 不得其屍, 娥年十四, 號慕思盱, 乃投衣于江, 祝其父屍曰:「父在此, 衣當沈.」旬有七日, 衣偶沈. 遂自投於江而死, 縣長度尙, 悲憐其義, 爲其改葬, 命其弟子邯鄲子禮爲其作碑. (劉氏案: 曹娥碑, 在會稽中, 而魏武·楊脩未嘗過江也.)

4.《異苑》

陳留蔡邕避難過吳, 讀碑文, 以爲詩人之作, 無詭妄也. 因刻石旁作八字. 魏武見而不能了, 以問群寮, 莫有解者. 有婦人浣於汾渚, 曰:「第四車解.」旣而, 禰正平也. 衡卽以離合義解之, 或謂此婦, 卽娥靈也.

5.《蒙求》楊脩捷對

後漢, 楊脩字德祖, 太尉震玄孫. 好學有俊才, 爲丞相曹操主簿. 操平漢中欲因討劉備, 而不得進, 欲守之又難爲功. 操出敎, 唯曰『雞肋』而已, 外曹莫能曉. 脩獨曰:「夫雞肋食之則無所得, 棄之則如何惜? 公歸計決矣.」操於此廻師. 脩之幾決多有此類. 又嘗出行, 籌操有問外事, 乃逆爲答記, 敕守舍兒:「若有令出, 依次通之」旣而果然, 操怪其速, 廉之知狀忌脩. 後因事殺之.《語林》曰: 脩至江南, 讀〈曹娥碑〉, 碑背有八字, 曰『黃絹幼婦外孫齏臼』. 操不解問脩曰:「卿知否?」脩曰:「知之.」操曰:「且勿言, 待朕思之」行三十里乃得之令脩解. 脩曰:「黃絹色絲, 色絲『絶』字; 幼婦少女, 少女『妙』字; 外孫女子, 女子『好』字; 齏臼受辛, 受辛『辭』字」操曰:「一如朕意」俗云:「有智無智, 校三十里.」

027(別-3) 오조성분烏助成墳 ·········· (漢) 顔烏

아버지 무덤 조성에
까마귀가 흙을 물어 도와준 안오

한漢나라 안오顔烏는 회계會稽 사람이다. 고기잡이와 나무꾼 일로 생업을
삼아 매번 굶주림을 참아내며 아버지를 봉양하였다.

아버지가 돌아가시자 그는 아버지 장례를 치를 수가 없어 이에 흙을 져
날라 무덤을 쌓고 있었다. 그런데 까마귀 떼가 흙을 물어 이를 도와주더니
그들의 주둥이가 모두 상처투성이가 되고 말았다.

드디어 그가 살던 현縣을 의오義烏라 부르게 되었다.

"아버지 무덤을 마련할 길이 없어,
　홀로 흙을 날라 쌓고 있었네.
　의로운 까마귀 이에 감동하여 서로 부르더니,
　수천, 수백 마리가 나타나 무덤을 완성해 주었네."

顔烏 '烏助成墳'

漢, 顔烏, 會稽人. 業漁樵, 每忍饑以養父.
父亡, 無力營葬, 乃負土築墳, 群烏銜土助之, 其吻皆傷.
遂名其縣曰義烏.

『無力營窀穸, 孤身負土勤.
　義烏能感召, 千百助成墳.』

【烏助成墳】 까마귀들이 흙을 물어 날라 무덤 만드는 일을 도와 줌.
【顔烏】 한나라 때 會稽 烏傷 사람. 효도로 이름이 났던 인물. 전설에 까마귀 떼가 흙을 물고 안오의 부친상에 무덤 조성을 도왔으며 뒤에 그가 사는 집에 모인 까마귀들의 부리에 모두 상처가 나 있었다 함. 그 때문에 그 곳을 烏傷縣이라 불러 縣을 설치하게 되었으며, 王莽 때 烏孝縣으로 개칭함. 그러나 본문에서는 義烏縣이라 하여 이 고사와 약간 다름.
【會稽】 지금의 浙江 紹興縣 일대. 한나라 때 군을 설치하여 會稽郡이었음.
【漁樵】 고기잡이와 나무꾼 일을 말함.
【窀穸】 무덤의 다른 말. 오래도록 묻혀 긴 기간 밤중과 같은 시간을 보낸다는 뜻.

⟨ 참고 및 관련 자료 ⟩

1. 지금의 浙江 烏義의 地名 유래에 관한 顔烏의 孝感 전설을 기록한 것.
2. 이 고사는 《尙友錄》(5)에 실려 있음.

028(別-4) 수인구인手刃仇人 ············ (漢) 趙娥

손에 칼을 들고
아버지 원수를 갚은 조아

한漢나라 때 조아趙娥의 아버지 조안趙安이 같은 현 사람 계수季壽라는 자에게 죽임을 당하고 말았다.

조아의 형제 세 사람도 모두 병으로 죽고 말아 그 원수는 이제 자신에게 보복할 자가 더 이상 없다고 여기며 즐거워하였다.

조아는 몰래 칼을 준비하고 기회를 엿보고 있었다. 이렇게 십여 년이 지나 그를 도정都亭에서 만나자 칼로 찔러 죽여버렸다.

그리고 칼끝에 그의 머리를 꽂은 채 현縣에 이르러 이렇게 자수하였다.

"아버지 원수를 갚았습니다. 청컨대 죽임을 받겠습니다."

현에서는 그를 의롭게 여겨 석방해 주고자 하였다.

그러자 조아는 이에 수긍하지 아니하고 이렇게 말하였다.

"어찌 감히 구차스러운 삶을 위해 공법公法을 어그러뜨리겠습니까!"

이에 스스로 감옥에 들어갔다가 사면을 얻어 나오게 되었다.

"아버지는 죽임을 당하고 형제조차 죽어 없어
 규중의 어린 딸만 남게 되었네.
 미친 원수여 그렇다고 기뻐하지 말아라.
 칼을 가진 딸이 바로 그대를 따라다니고 있도다."

趙娥 '手刃仇人'

漢, 趙娥父安, 爲同縣人李壽所殺.

娥兄弟三人俱病死, 仇喜以爲莫己報也.

娥潛備刃伺之, 積十餘年, 遇於都亭, 刺殺之.

刃其頭詣縣曰:「父仇報矣, 請受戮.」

縣義之, 欲釋. 娥不肯曰:「何敢苟生以枉公法!」

自入獄, 遇赦免.

『父殺諸昆死, 閨中剩女兒.

　狂仇且莫喜, 備刃正相隨.』

【手刃仇人】손에 칼을 잡고 원수를 갚음.
【趙娥】後漢 때 지금의 甘肅 酒泉 사람으로 일찍이 아버지의 원수를 갚고
　스스로 자수하여 사면을 받은 여인. 원래 酒泉 龐淯의 어머니였음. 《後漢書》
　(84) 列女傳에 기록이 들어 있음.
【爲~所~】被動法 문장을 만드는 구문 구조.
【兄弟】오빠와 남동생.
【伺】기회 등을 엿봄.
【都亭】시장. 혹은 지명. 亭은 고대 마을 최소 행정 단위.

참고 및 관련 자료

　1. 《後漢書》(84) 列女傳(龐淯母趙娥)
酒泉龐淯母者, 趙氏之女也. 字娥, 父爲同縣人所殺, 而娥兄弟三人, 時俱病
物故, 讎乃喜而自賀, 以爲莫己報也. 娥陰懷感憤, 乃潛備刀兵, 常帷車以候讎家.

十餘年不能得. 後遇於都亭, 刺殺之. 因詣縣自首. 曰:「父仇已報, 請就刑戮.」
祿(福)長尹嘉義之, 解印綬欲俱與亡. 娥不肯去. 曰:「怨塞身死, 妾之明分; 結罪
理獄, 君之常理. 何敢苟生, 以枉公法!」後遇赦得免. 州郡表其閭. 太常張奐嘉歎,
以束帛禮之.

029(別-5) 계불공객鷄不供客 ············ (漢) 茅容

닭을 잡아 만든 요리를
손님에게 대접하지 않은 모용

한漢나라 때 모용茅容은 자가 계위季偉였으며, 곽림종郭林宗과 사귐이 가장 돈독하였다.

곽림종이 모용의 집을 방문하여 하룻밤을 묵게 되었다. 이튿날 아침 모용이 닭을 잡아 요리를 만들자 곽림종은 자신을 위해 마련하는 것이라 여겼다.

그런데 잠시 후, 모용은 이를 어머니께 바치면서 스스로는 야채를 들고 와서 곽림종과 함께 식사를 하는 것이었다.

곽림종은 즐거워하며 이렇게 말하였다.

"친구를 얻어 이런 일을 겪게 되다니 족히 효를 가르쳐 준 것이요, 족히 덕을 성취하도록 함이로다."

"집이 가난하여 맛난 음식 제대로 차릴 수 없었는데,
닭을 삶더니 어머니 식사로 권해드리는구나.
채마밭 푸성귀로 손님과 배를 불리니,
거친 현미밥이지만 남아도는 기쁨이 있었다네."

茅容 '鷄不供客'

漢, 茅容, 字季偉, 與郭林宗交最篤.

林宗過訪寓宿, 旦日殺鷄爲饌, 林宗以爲爲己設也.

少頃, 容進而供母, 自携野蔬與客飯.

林宗喜曰:「得友如此, 足以敎孝, 足以成德」

『甘旨貧家薄, 烹鷄勸母餐.

園蔬同客飽, 粗糲有餘歡』

【鷄不供客】닭을 잡아 요리를 하였으나 손님 대접을 위한 것이 아님.

【茅容】인명. 후한 때 陳留 사람으로 자는 季偉. 郭林宗(郭泰)과 아주 가까
웠음.

【郭林宗】郭泰. 郭太로도고 표기함. 字는 林宗(127~169). 經典에 博通하여
제자가 천여 명에 이르렀으며 당시 학문의 祖宗으로 추앙받았음. 뒤에
范曄이《後漢書》를 쓰면서 자신의 아버지(范泰)의 이름을 피휘하여 '郭太'로
표기하였음.《後漢書》(68)에 전이 있음. 李元禮(李膺)가 극찬하였던 인물.

【旦日】이튿날 아침.

【少頃】잠시 후.

【甘旨】맛난 음식.

【粗糲】'粗'는 '麤'와 같음. '거칠다'의 뜻. '糲'는 玄米. 훌륭한 쌀이 아님을
말함.

(참고 및 관련 자료)

1. 이는 後漢 때 茅容의 건실함과 그를 찾아간 郭林宗(郭泰)이 겪었던 그의
효행을 주제로 한 것임. 한편 〈逸錄〉(051) '敬天孝母'에도 실려 있으나 서술
내용이 약간 다름.

2.《後漢書》茅容傳

茅容字季偉, 陳留人也. 年四十餘, 耕於野, 時與等輩避雨樹下, 衆皆夷踞相對, 容獨危坐愈恭. 林宗行見之而奇其異, 遂與共言, 因請寓宿. 旦日, 容殺雞爲饌, 林宗謂爲己設, 旣而以供其母, 自以草蔬與客同飯. 林宗起拜之曰:「卿賢乎哉!」 因勸令學, 卒以成德.

3.《小學》外篇 善行 實敬身

茅容與等輩避雨樹下, 衆皆夷踞相對, 容獨危坐愈恭. 郭林宗行見之, 而奇其異, 遂與其言. 因請寓宿, 旦日, 容殺鷄爲饌, 林宗謂爲己設, 旣而供其母, 自以草蔬與客同飯, 林宗起拜之曰:「卿賢乎哉!」因勸令學, 卒以成德.

030(別-6) 도상공정圖像公廷 ·········· (蜀漢) 李餘
관공서마다 걸린 효자 이여의 모습

촉한蜀漢의 이여李餘는 부성涪城 사람이다. 나이 열셋에 아버지가 그만
사람을 죽이고 도망하여 어머니가 관가에 불려가 취조를 받게 되었다.

이여가 그 죄를 대신하여 죽겠노라 청하였지만 관가에서는 이는 누군
가가 시켜서 한 일일 것이라 여겨 허락하지 않았다. 그러자 이여는 결국
자살하고 말았다.

이 사건이 알려지자 조정에서는 조칙詔勅을 내려 그의 모습을 그림
으로 그려 군현郡縣의 관청마다 이를 걸어 풍속을 장려하도록 하였다.

"어버이를 대신하여 죽겠노라 한 청원이 거절되니
구중의 높은 하늘에도 어디 하소연할 데가 없었네.
어머니가 죽임을 당할 것을 염려한 끝에
어린 아들이 먼저 저승세계로 가고 말았네."

李餘 '圖像公廷'

蜀漢, 李餘, 涪城人. 年十三, 父殺人出亡, 母下吏.
餘乞代死, 官以爲人所使也, 不許, 遂自殺.
事聞, 詔圖像, 懸郡縣廷, 以勵風俗.

『代親終不許, 難訴九重天.
慈母如遭戮, 兒先赴冥泉.』

【圖像公廷】효자의 얼굴을 그려 군현의 관청마다 이를 걸도록 함.
【蜀漢】삼국시대 劉備(昭烈帝)가 지금의 四川省 成都 일대를 중심으로 세웠
던 나라(220-263). 제갈량을 등용하여 중흥을 꿈꾸었으나 유비의 아들 後
主(劉禪)에 이르러 魏나라 大將軍 司馬昭에게 망함.
【李餘】三國 시대 蜀漢 涪城 사람.
【下吏】獄吏에게 넘겨져 재판을 받음. 고대 연좌법에 의해 남편의 죄를 대
신 짊어지게 되었음을 말함.
【九重天】하늘.
【冥泉】저승 세계. 죽음을 말함.

참고 및 관련 자료

1. 어린 나이에 아버지 죄를 대신 받겠다고 나섰으나 거절당하자 죽음으로
대신한 효감고사.

031(別-7) 인리파사鄰里罷社 ·········· (三國) 王修
이웃들의 사일 잔치를 그치게 한 왕수

삼국시대 위魏나라 왕수王修는 나이 일곱에 어머니를 잃고 말았다. 어머니가 돌아가신 날은 마침 사일社日이었다.

이듬해 이웃 사람들은 사일의 행사를 한다고 양을 잡고 술을 마련하여 그 즐거워하는 웃음소리가 그의 집 문밖까지 들려오고 있었다.

왕수는 돌아가신 어머니에 대한 그리움과 슬픔에 울음을 터뜨리며 애통해하였다. 이웃들은 이를 듣고 그만 그를 위해 사일 행사를 철회하고 말았다.

"애통해하는 모습이 이웃을 감동시켜,
　서둘러 사일 행사를 그만두고 집으로 돌아갔네.
　멀리 아득히 보이는 부모님 무덤 그림자,
　부지불식간에 눈물이 이리저리 흩뿌려지네."

王修‘鄰里罷社’

三國時, 魏王修, 年七歲喪母. 母於社日亡.
明年鄰人擧社, 烹羊酌酒, 歡笑之聲徹戶外.
修感念母亡, 悲啼凄惋, 鄰人聞之, 爲之罷社.

『哀意感鄰里, 紛紛罷社歸.
　遙看桑柘影, 不覺淚交揮』

【鄰里罷社】효자 왕수의 울음을 듣고 이웃들이 社日의 행사를 철회함.
【王修】王脩로도 표기하며 자는 叔治, 삼국시대 魏나라 北海 營陵 사람.
7살에 어머니가 죽자 너무 슬피 울어 마을 社祭를 철회하였다 함.《三國
志》(11) 魏書 王修傳 참조.
【社日】社神(토지신)에게 제사지내는 날. 立春 후 다섯 번째 戊日에 지내는
것을 春社라 하고, 立秋 후 역시 다섯 번째 戊日에 지내는 것을 秋社라 함.
【凄惋】'悽惋'으로도 표기하며 아주 슬퍼함을 뜻함.
【桑柘】뽕나무와 산뽕나무. 어머니의 무덤을 뜻함.
【交揮】눈물이 교차되어 흩뿌려짐. 아주 애통함을 표현한 것.

> 참고 및 관련 자료

1.《三國志》魏志(11) 王脩傳
王脩字叔治, 北海營陵人也. 年七歲喪母. 母以社日亡, 來歲鄰里社, 脩感念母,
哀甚. 鄰里聞之, 爲之罷社. 年二十, 游學南陽, 止張奉舍. 奉擧家得疾病, 無相
視者, 脩親隱恤之, 病愈乃去. 初平中, 北海孔融召以爲主簿, 守高密令. ……太祖
歎曰:「士不妄有名」乃禮辟爲司空掾, 行司金中郎將, 遷魏郡太守. ……太祖
在銅爵臺望見之, 曰:「彼來者必王叔治也」相國鍾繇謂脩:「舊, 京城有變, 九卿
各居其府」脩曰:「食其祿, 焉避其難? 居府雖舊, 非赴難之義」頃之, 病卒官.

2.《顏氏家訓》風操篇

魏世王修母以社日亡; 來歲社日, 修感念哀甚, 鄰里聞之, 爲之罷社. 今二親
喪亡, 偶值伏臘分至之節, 及月小晦後, 忌之外, 所經此日, 猶應感慕, 異於
餘辰, 不預飲讌‧聞聲樂及行遊也.

3.《蒙求》王脩輟社

《魏志》: 王脩字叔治, 北海營陵人. 年七歲喪母, 以社日亡. 來歲隣里社脩感
念母哀甚, 隣里爲之罷社. 後太祖破南皮, 閱脩家, 穀不滿十斛, 有書數百卷.
太祖歎曰:「士不妄有名!」乃辟爲司空掾, 遷魏郡太守. 爲治抑強扶弱, 百姓
稱之.

032(別-8) 호형감모護兄感母 ·········· (晉) 王覽

형을 보호하여
어머니를 감동시킨 왕람

진晉나라 때 왕상王祥의 아우 왕람王覽은 자가 원통元通, 玄通이다. 어머니 주씨朱氏는 전처 소생 왕상을 대하면서 자애롭지 못하였다.

당시 왕람은 네 살로서 형 왕상이 회초리를 맞는 것을 보고는 문득 눈물을 흘리며 달려가 형을 껴안고 막아주었다.

그가 자라자 주씨는 왕상의 처까지도 학대하며 부렸다. 그러자 이번에는 왕람의 처가 달려가 나서서 이를 막았다.

왕상이 점차 현달하여 당시 명예를 날리게 되자 주씨는 더욱 왕상을 미워하여 마침내 짐독酖毒을 써서 그를 죽이려 하였다.

왕람이 이를 알고 자신이 이를 마시고 죽겠다고 나서자 왕상은 이를 달라고 다투었지만 왕람은 주지 않았다. 주씨는 자신의 아들 왕람이 이를 마실까 두려워 급히 약그릇을 엎어 쏟아버렸다.

그 이후로 매번 식사 때마다 왕람은 먼저 맛을 보았고 앉으나 누우나 곁에 반드시 자리를 함께 하며 형을 지켜주었다.

주씨는 감동하여 후회하고 왕상을 아끼기를 왕람 사랑하듯이 하게 되었다.

"어찌 홀로 형의 효도를 온전하게 해 주었을 뿐 아니라
 겸하여 어머니까지 감동하도록 하였는가!
 승주乘舟의 시가 저렇게 둥둥 떠가고,
 위풍衛風의 시를 감당해 내는고?"

王覽 '護兄感母'

晉, 王祥弟覽, 字元通. 母朱氏遇祥不慈. 覽年四歲, 見祥被撻, 輒流涕抱護.

及長, 朱虐使祥妻, 覽妻亦往.

祥漸有時譽, 朱益惡之, 乃酖祥. 覽知取飮, 祥固爭之, 不與, 朱恐覽飮, 急傾去.

自後每食, 覽必先嘗, 坐臥必同處.

朱感而悔, 愛祥如愛覽.

『豈獨全兄孝, 兼能感母慈!
乘舟空泛泛, 堪嘆衛風詩?』

【護兄感母】형을 보호하여 어머니를 감동시킴.
【王祥】王覽의 형. 자는 休徵(184~268). 晉나라 때 琅邪 臨沂 사람. '剖冰得鯉'의 孝道 고사로 널리 알려진 인물. 벼슬이 太保에 이름.《晉書》(63) 王祥傳이 있음.
【王覽】자는 元通(玄通). 王祥의 배다른 아우. 王融의 후처 朱氏 소생. 진나라 때 光祿大夫를 지낸 인물.
【母朱氏】王祥의 아버지 王融은 薛氏를 아내로 맞아 왕상을 낳았으나 설씨가 죽은 뒤에 다시 廬江의 朱氏를 아내로 맞아 王覽을 낳았음.
【酖】酖毒을 써서 사람을 독살함. '鴆'과 같음. 짐은 올빼미와 비슷한 毒鳥로 그 깃을 뽑아 술을 젓기만 하여도 사람을 독살할 수 있다 함.
【乘舟】춘추시대 衛나라 宣公의 세 아들 伋, 壽, 朔 중 壽와 朔은 후처 소생으로 후처가 자신의 소생을 왕위에 오르도록 하고자 첫째를 죽이려 할 때 아우들이 이를 구해낸 고사를 말함. 참고란을 볼 것.《詩經》邶風 二子乘舟에 "二子乘舟, 汎汎其景. 願言思子, 中心養養. 二子乘舟, 汎汎其逝.

願言思子, 不瑕有害"라 하였고, 그 序에 "二子乘舟, 思伋壽也. 衛宣公之
二子, 爭相爲死, 國人傷而思之, 作是詩也"라 함.

【衛風】군자다움을 노래한《詩經》衛風 淇奧篇을 말함. "瞻彼淇奧, 綠竹猗猗.
有匪君子, 如切如磋, 如琢如磨. 瑟兮僩兮, 赫兮咺兮. 有匪君子, 終不可諼兮"
라 함. 그러나 '邶風'이어야 맞을 듯함.《詩經》'패풍' 二子乘舟의 고사가
衛나라 宣公의 일이므로 이를 '衛風'으로 잘못 알고 거론한 것으로 보임.

참고 및 관련 자료

1.《晉書》(33) 王覽傳

王覽字玄通. 母朱遇兄祥無道. 覽年數歲, 見祥被楚撻, 輒涕泣抱持. 至于成童,
每諫其母, 其母少止凶虐. 朱屢以非理使祥.
覽輒與祥俱. 又虐使祥妻, 覽妻亦趨而共之.
朱患之, 乃止. 祥喪父之後, 漸有時譽. 朱深
疾之, 密使酖祥. 覽知之, 徑起取酒, 祥疑其
有毒, 爭而不與, 朱遽奪反之. 自後朱賜祥饌,
覽輒先嘗. 朱懼覽致斃, 遂止. 覽孝友恭恪, 名
亞於祥. ……頃之, 以疾上疏乞骸骨. 詔聽之,
以太中大夫歸老, 賜錢二十萬, 牀帳薦褥, 遣
殿中醫療疾給藥. 後轉光祿大夫, 門施行馬.

金代 磚雕 王祥이 계모 朱氏에게
학대를 당하는 모습

2.《小學》善行篇「實明倫」

王祥弟覽, 母朱氏, 遇祥無道, 覽年數歲, 見祥被楚撻, 輒涕泣抱持. 至于成童,
每諫其母, 其母少止凶虐. 朱屢以非理, 使祥覽與祥俱, 又虐使祥妻, 覽妻亦趨
而公之, 朱患之, 乃止.

3.《蒙求》王覽友弟

晉, 王覽字玄通. 母朱遇兄祥無道. 覽年數歲, 見祥被楚撻, 輒涕泣抱持, 每諫
其母, 母少止凶虐. 朱屢以非理使祥. 覽輒與俱. 又虐使祥妻, 覽妻亦趨而共之.
朱患之乃止. 祥喪父後, 漸有時譽. 朱深疾之, 密使酖祥. 覽知之, 徑起取酒,
祥疑其有毒, 爭而不與, 朱遽奪反之. 自後朱賜祥饌, 覽輒先嘗. 覽孝友恭恪,
名亞於祥. 仕至光祿大夫, 門施行馬.

4.《左傳》桓公 十六年 傳

初, 衛宣公烝于夷姜, 生急子, 屬諸右公子. 爲之娶於齊, 而美, 公取之. 生壽及朔. 屬壽於左公子. 夷姜縊. 宣姜與公子朔構急子. 公使諸齊. 使盜待諸莘, 將殺之. 壽子告之, 使行. 曰:「棄父之命, 惡用子矣? 有無父之國則可也.」及行, 飮以酒. 壽子載其旌以先, 盜殺之. 急子至, 曰:「我之求也. 此何罪? 請殺我乎!」又殺之. 二公子故怨惠公. 十一月, 左公子洩, 右公子職立公子黔牟. 惠公奔齊.

5.《史記》衛康叔世家

宣公七年, 魯弒其君隱公. 九年, 宋督弒其君殤公, 及孔父. 十年, 晉曲沃莊伯弒其君哀侯. 十八年, 初, 宣公愛夫人夷姜, 夷姜生子伋, 以爲太子, 而令右公子傅之. 右公爲太子取齊女, 未入室, 而宣公見所欲爲太子婦者好, 說而自取之, 更爲太子取他女. 宣公得齊女, 生子壽・子朔, 令左公子傅之. 太子伋母死, 宣公正夫人與朔共讒惡太子伋. 宣公自以其奪太子妻也, 心惡太子, 欲廢之. 及聞其惡, 大怒, 乃使太子伋於齊而令盜遮界上殺之, 與太子白旄, 而告界盜見持白旄者殺之. 且行, 子朔之兄壽, 太子異母弟也, 知朔之惡太子而君欲殺之, 乃謂太子曰:「界盜見太子白旄, 卽殺太子, 太子可毋行.」太子曰:「逆父命求生, 不可.」遂行. 壽見太子不止, 乃盜其白旄而先馳至界. 界盜見其驗, 卽殺之. 壽已死, 而太子伋又至, 謂盜曰:「所當殺乃我也.」盜幷殺太子伋, 以報宣公. 宣公乃以子朔爲太子. 十九年, 宣公卒, 太子朔立, 是爲惠公.

6.《列女傳》卷七「衛宣公姜」

宣姜者, 齊侯之女, 衛宣公之夫人也. 初, 宣公夫人夷姜生伋子, 以爲太子.又娶於齊曰宣姜, 生壽及朔. 夷姜旣死, 宣姜欲立壽, 乃與壽弟朔謀構伋子.公使伋子之齊, 宣姜乃陰使力士待之界上而殺之, 曰:「有四馬, 白旄至者必要殺之.」壽聞之以告太子曰:「太子其避之.」伋子曰:「不可, 夫棄父之命, 則惡用子也.」壽度太子必行, 乃與太子飮, 奪之旄而行, 盜殺之. 伋子醒, 求旄不得, 遽往追, 壽已死矣. 伋子痛壽爲己死, 乃謂盜曰:「所欲殺者乃我也, 此何罪? 請殺我.」盜又殺之. 二子旣死, 朔遂立爲太子. 宣公薨, 朔立是爲惠公, 竟終無後. 亂及五世. 至戴公而後寧. 詩云:「乃如之人, 德音無良」此之謂也. 頌曰:「衛之宣姜, 謀危太子, 欲立子壽, 陰設力士. 壽乃俱死, 衛果危殆. 五世不寧, 亂由姜起.」

7.《新序》(7) 節士篇

衛宣公之子伋也, 壽也, 朔也. 伋, 前母子也; 壽與朔, 後母子也. 壽之母與朔謀, 欲殺太子伋而立壽也, 使人與伋乘舟於河中, 將沈而殺之. 壽知, 不能止也,

因與之同舟, 舟人不得殺伋, 方乘舟時, 伋傅母恐其死也, 閔而作詩, 二子乘舟之詩是也. 其詩曰: 『二子乘舟, 汎汎其景. 願言思子, 中心養養.』於是壽閔其兄之且見害, 作憂思之詩, 黍離之詩是也. 其詩曰: 『行遇靡靡, 中心搖搖. 知我者謂我心憂; 不知我者謂我何求? 悠悠蒼天, 此何人哉?』又使伋之齊, 將使, 盜見載旌, 要而殺之, 壽止伋, 伋曰:「棄父之命, 非子道也, 不可.」壽又與之偕行, 壽之母不知能止也, 因戒之曰:「壽無爲前也.」壽又爲前, 竊伋旌以先行, 幾及齊矣, 盜見而殺之. 伋至, 見壽之死, 痛其代己死, 涕泣悲哀, 遂載其屍還, 至境而自殺, 兄弟俱死. 故君子義此二人, 而傷宣公之聽讒也.

033(別-9) 불위주약不違酒約 ·········· (晉) 陶侃
술에 대한 약속을 어기지 않은 도간

진晉나라 도간陶侃은 매번 술을 마실 때마다 한계를 정해놓고 항상 즐거움이 남아돌아도 한계가 되면 끝까지 다하는 일을 그만두었다.

은심원(殷深源, 殷淵源)이 그에게 더 마시기를 권하자 도간은 이렇게 말하였다.

"젊었을 때 일찍이 술로 실수를 한 적이 있다오. 돌아가신 양친과 약속을 하였지요. 그 때문에 감히 그 약속을 저버릴 수 없는 것이라오. 만약 한계를 넘어서면 이는 어버이를 잊어버리는 것이 되지요."

그러고는 끝내 술 마시는 일에 대해서는 관대함이 없었다.

도간은 관직이 태위太尉에 올랐고, 장사공長沙公에 봉해졌으며, 시호는 환桓이었다.

"매번 술을 마실 때마다 자신을 풀어놓을 수 없는 것은
옛날 젊을 때 심히 술로 인해 실수를 범한 때문이지.
친구가 이제 잊고 술을 마시라고 괴롭게 권해도,
어버이와의 약속이라 저버릴 수 없었다네."

陶侃 '不違酒約'

晉, 陶侃每飮酒有定限, 常歡有餘而限已竭.

殷深源勸再少進, 侃曰:「年少時, 曾有酒失, 亡親見約,
故不敢違. 逾限, 是忘親矣」

終不寬飮.

按侃官太尉, 封長沙公, 諡曰桓.

『每飮懷難釋, 從前事甚非.
　友朋休苦勸, 親約不能違』

【不違酒約】술을 절제하기로 한 약속을 위배하지 아니함.

【陶侃】자는 士行, 혹은 士衡(259~334). 晉나라 內亂을 안정시킨 공로로
각 곳의 刺史·侍中·太尉·都督 등을 지냈으며 長沙郡公에 봉해짐.《晉書》
(66)에 전이 있음. 陶潛의 증조부.

【殷深源】殷浩. 殷淵源. 어떤 이의 避諱로 인해 '淵'자를 '深'자로 바꾼 것이며
구체적으로는 알 수 없음. 자는 淵源(?~356). 시호는 桓. 殷羨(洪喬)의 아들
이며 弱冠에 이미 이름이 났으며 玄言에 뛰어나 당시 풍류 재자의 숭앙을
받음. 정사에도 뛰어나 사람들은 그를 管仲이나 諸葛孔明에 비유할 정도
였음. 建武將軍, 揚州刺史를 역임하였으며 北征에 나섰다가 姚襄에게 패배
하여 서인으로 강등되기도 하였음. '咄咄怪事'의 고사를 남김.《晉書》(77)에
전이 있음.

【按】어떤 역사적 사실이나 기록을 살펴볼 때 앞에 쓰는 말.

【太尉】당시 三公의 하나로 아주 높은 벼슬.

【長沙公】고대 功勳을 세운 자에게 한 지역을 봉하면서 公侯伯子男의 작위를
부여하던 제도로 도간은 長沙(지금의 湖南 長沙)의 公이라는 爵號를 내린 것.

1.《晉書》(66) 陶侃傳

陶侃字士行, 本鄱陽人也. 吳平, 徙廬江之潯陽. 父丹, 吳揚武將軍. 侃早孤貧, 爲縣吏. 鄱陽孝廉范逵嘗過侃, 時倉卒無以待賓客, 其母乃截髮, 得雙髮, 以易酒肴, 樂飮極歡, 雖僕從亦過所望. 及逵去, 侃追送百餘里. 逵曰:「卿欲仕郡乎?」侃曰:「欲之, 困於無津耳!」逵過廬江太守張夔, 稱美之. 夔召爲督郵, 領樅陽令. ……侃旋江陵, 尋以爲侍中·太尉, 加羽葆鼓吹, 改封長沙郡公, 邑三千戶, 賜絹八千匹, 加都督交廣寧七州軍事. 以江陵偏遠, 移鎭巴陵. 遣諮議參軍張誕討五溪夷, 降之.

2.《蒙求》陶侃酒限

《晉書》: 陶侃字士行, 鄱陽人. 徙潯陽, 早孤貧, 爲縣吏. 孝廉范逵嘗過侃, 時倉卒無以待賓客, 其母乃截髮, 得雙髮, 以易酒肴. 樂飮極歡, 雖僕從亦過所望. 侃至太尉·都督荊江等諸軍事·長沙郡公. 侃每飮酒有定限, 常歡有餘而限已竭. 佐史殷浩等勸更少進, 侃曰:「年少曾有酒失, 亡親見約, 故不敢踰.」侃嘗丁母憂, 艱辛在幕下, 二客來弔. 儀服鮮異, 遣人尋之, 但有雙鶴飛冲天而去.

3.《世說新語》賢媛篇에 인용된《陶侃別傳》

母湛氏, 賢明有法訓. 侃在武昌, 與佐史從容飮燕, 飮常有限. 或勸猶可少進, 侃悽然良久曰:「昔年少, 曾有酒失, 二親見約, 故不敢踰限.」及侃丁母憂, 在墓下, 忽有二客來弔, 不哭而退; 儀服鮮異, 知非常人. 遣隨視之, 但見雙鶴冲天而去.

4.《十八史略》(4)

以陶都督荊湘等州諸軍事. 侃少孤貧, 孝廉范逵過之. 侃母湛氏, 截髮賣爲酒食. 逵薦侃, 遂知名. 初爲荊州都督劉弘所用, 討義陽叛蠻張昌, 又討破江東叛將陳敏, 又擊破湘州劇賊杜弢. 自江夏太守, 爲荊州刺史.

034(別-10) 문경철송聞耕輟誦 ·········· (晉) 趙至

아버지의 농사짓는 소리를 듣고
외우던 책을 던져버린 조지

　진晉나라 조경진趙景眞은 이름이 지至였다. 어린 시절 향학鄕學에 나가 스승에게 학업을 익힐 때에 아버지가 소를 꾸짖으며 농사일 하는 소리를 듣고는 그만 읽던 책을 던지고 울음을 터뜨렸다.

　스승이 괴이히 여겨 묻자 경진은 이렇게 대답하였다.

　"내가 아직 부모님을 모시지 못하여 늙으신 아버지로 하여금 이렇게 고통스럽게 하고 있습니다. 이 때문에 우는 것입니다."

　스승은 기특하게 여겼다.

　뒤에 그는 혜중산嵇中散을 따라 학문을 익혀 이름난 선비가 되었다.

　"아직 좋은 음식 해드리지 못하여,
　늙으신 아버지로 하여금 농사일을 하도록 하네.
　마음에 놀라 책읽기를 그만둔 채,
　차마 소 꾸짖는 소리를 듣고 있다네."

趙景眞(趙至) '聞耕輟誦'

晉, 趙景眞, 名至. 少時詣鄕師受業, 聞父耕叱牛聲, 投書而泣.

師怪問之, 眞曰:「我未能養, 使老父勞苦, 是以泣耳」

師奇之. 後從嵇中散學, 成名儒.

『未克供滫瀡, 猶敎老父耕.
　驚心因輟誦, 忍聽叱牛聲.』

【聞耕輟誦】아버지의 농사짓는 소리를 듣고 읽던 책을 던져버림.

【趙至】晉나라 때의 효자이며 通儒. 자는 景眞, 代郡 사람. 뒤에 이름을 '浚', 자를 '允元'으로 바꾸었으며 嵇康을 만나 학문을 익힘. 어머니의 죽음을 아버지가 그의 벼슬길에 방해가 될 것으로 여겨 알려주지 않아 이를 모른 채 벼슬길을 계속하여 遼西郡의 計吏와 幽州從事 등을 지냈으며, 청렴한 행정과 판결로 이름을 날림. 그러나 뒤에 어머니의 사망을 알고 '榮養'(영예로운 봉양)을 목표로 삼던 것을 끝내 이루지 못했다고 여겨 통곡 끝에 피를 토하고 37세에 죽음. 《晉書》(92) 文苑傳에 그의 전기가 실려 있음. 참고란을 볼 것.

【叱牛聲】농사일을 하면서 소를 부릴 때 내는 고함소리. 소를 꾸짖는 소리.

【嵇中散】嵇康. 자는 叔夜(223~262). 어릴 때 고아였으며 奇才가 있었음. 老莊에 심취하였으며 시문에 능하였고 '竹林七賢'의 하나임. 뒤에 鍾會의 모함을 입어 司馬昭에게 죽임을 당함. 本姓은 奚氏였으나 뒤에 銍縣 嵇山 곁에 옮겨 살아 성을 嵇氏로 바꾸었다 함. 中散校尉를 역임하여 혜중산이라 부름. 〈廣陵散曲〉, 〈琴賦〉, 〈養生論〉, 〈聲無哀樂論〉, 〈與山巨源絶交書〉 등이 유명함. 《晉書》(49)에 전이 있음.

【滫瀡】'수수'로 읽으며 쌀을 잘 씻어 이는 등 음식물을 정갈하게 씻거나 늙은이가 씹기 좋도록 다듬음을 말함. 雙聲連綿語.

【輟誦】공부하던 것을 그침.

1. 이는 〈逸錄〉055 '泣父耕苦'의 고사와 중복됨.

2. 《晉書》(92) 文苑傳 趙至

趙至字景眞, 代郡人也. 寓居洛陽. 緱氏令初到官, 至年十三, 與母同觀. 母曰:
「汝先世本非微賤, 世亂流離, 遂爲士伍耳. 爾後能如此不?」至感母言, 詣師受業.
聞父耕叱牛聲, 投書而泣. 師怪問之, 至曰:「我小未能榮養, 使老父不免勤苦.」
師甚異之. 年十四, 詣洛陽, 游太學, 遇嵇康於學寫石經, 徘徊視之不能去, 而請
問姓名. 康曰:「年少何以問邪?」曰:「觀君風器非常, 所以問耳.」康異而告之.
後乃亡到山陽, 求康不得而還. 又將遠學, 母禁之, 至遂陽狂, 走三五里, 輒追
得之. 年十六, 游鄴, 復與康相遇, 隨康還山陽, 改名浚, 字允元. 康每曰:「卿頭
小而銳, 童子白黑分明, 有白起之風矣.」及康卒, 至詣魏興見太守張嗣宗, 甚被
優遇. 嗣宗遷江夏相, 隨到湞川, 欲因入吳, 而嗣宗卒, 乃向遼西而占戶焉. 初,
至與康兄子蕃友善, 及將遠適, 乃與蕃書敍離, 幷陳其志曰: ……至身長七尺
四寸, 論議精辯, 有從橫才氣. 遼西擧郡計吏, 到洛, 與父相遇. 時母已亡, 父欲
令其宦立, 弗之告, 仍戒以不歸, 至乃還遼西. 幽州三辟部從事, 斷九獄, 見稱
精審. 太康中, 以良吏赴洛, 方知母亡. 初, 至自恥士伍, 欲以宦學立名, 期於榮養.
旣而其志不就, 號慟慟哭, 歐血而卒, 時年三十七.

035(別-11) 사객경모使客敬母 ·········· (晉) 裴秀

손님들로 하여금
어머니부터 공경하도록 한 배수

진晉나라 배수裴秀의 어머니는 비첩婢妾이었다. 배수는 나이 여덟에 시문詩文에 능하여 신동神童이라는 평가를 받고 있었다.

적모嫡母인 선씨宣氏는 배수의 어머니를 학대하였다.

그러던 어느 날, 배수가 손님을 불러 잔치를 하게 되었을 때 음식을 올리도록 하면서 앉아 있던 빈객들이 모두 일어서더니 배수 어머니를 향하여 세 번 읍을 하고서야 그치는 것이었다.

선씨가 병풍 뒤에서 이를 보고는 이렇게 감탄하였다.

"미천하기가 이와 같건만, 빈객들이 저렇게 예를 표하는 것은 아마 배수가 뛰어난 녀석이기 때문일 것이다."

그리고는 드디어 두 모자를 우대해 주었다.

"슬하에 훌륭한 아들 있으니
빈객과 친구들이 감히 가볍게 보지 않는구나.
대청 앞에서 바야흐로 엄숙한 예를 올릴 때
병풍 뒤에 어떤 사람은 놀라고 있었다."

裴秀'使客敬母'

晉, 裴秀母, 婢妾也. 秀年八歲, 善詩文, 有神童之目.

嫡母宣, 虐待其母.

一日宴客, 令進饌, 座客皆爲之起, 三揖止之.

宣於屛後見之, 嘆曰:「微賤如此, 而客加禮, 殆因秀兒故也」

遂優遇焉.

『膝下佳兒在, 賓朋不敢輕.
　堂前方肅揖, 屛後有人驚』

【使客敬母】 찾아온 손님들로 하여금 자신의 어머니를 공경하도록 함.

【裴秀】 자는 季彦(224~271). 晉나라 때 인물. 裴潛의 아들. 司空에까지 올랐으며 《禹貢地域圖》 18편이 있어 지리학의 기초를 다짐. (지금은 서문만 전함.) 《晉書》(35)에 전이 있음. 일부 판본에는 자가 '秀彦'으로 되어 있음.

【目】 평가를 받음. 지목을 당함.

【嫡母】 아버지의 본부인(嫡妻)을 庶孼의 아들이 일컫는 칭호.

【宣】 裴潛의 본부인 宣氏.

【殆】 '아마, 거의, 대체로'의 뜻. 副詞.

【膝下】 무릎 아래. 즉 자녀를 뜻함.

参고 및 관련 자료

1.《晉書》(35) 裴秀傳

裴秀字季彦, 河東聞喜人也. 祖茂, 漢尚書令. 父潛, 魏尚書令. 秀少好學, 有風操, 八歲能屬文. 叔父徽有盛名, 賓客甚衆. 秀年十餘歲, 有詣徽者, 出則過秀. 然秀

母賤, 嫡母宣氏不之禮. 嘗使進饌於客, 見者皆爲之起. 秀母曰:「微賤如此, 當應爲小兒故也.」宣氏知遂止. 時人爲之語曰:「後進領袖有裴秀!」…… 秀儒學洽聞留心政事, 當禪代之際, 總納言之要, 其所裁當, 禮無違者. 又以職在地官, 以〈禹貢〉山川地名, 從來久遠, 多有變易. 後世說者或强牽引, 漸以闇昧. 於是甄摘舊文, 疑者則闕, 古有名而今無者, 皆隨事注列, 作《禹貢地域圖》十八篇, 奏之, 藏於祕府. 其序曰: …… 制圖之體有六焉. 一曰『分率』, 所以辨廣輪之度也, 二曰『準望』, 所以正彼此之體也. 三曰『道里』, 所以定所由之數也. 四曰『高下』, 五曰『方邪』, 六曰『迂直』. 此三者各名因地而制宜. 所以校夷險之異也. 有圖象而無分率, 則無以審遠近之差; 有分率而無準望, 雖得之於一隅, 必失之於他方; 有準望而無道里, 則施於山海絕隔之地, 不能以相通; 有道里而無高下・方邪・迂直之校, 則徑路之數必與遠近之實相違, 失準望之正矣, 故以此六者參而考之. 然遠近之實定於分率, 彼此之實定於道里, 度數之實定於高下・方邪・迂直之算. 故雖有峻山鉅海之隔, 絕域殊方之迥, 登降詭曲之因, 皆可得舉而定者. 準望之法旣正, 則曲直遠近無所隱其形也.

2.《蒙求》季彦領袖

晉, 裴秀字季彦, 河東聞喜人. 少好學, 有風操, 八歲能屬文. 叔父徽有盛名, 賓客甚衆. 秀年十餘歲, 有詣徽者, 出則過秀. 秀母賤, 嫡母宣氏不之禮. 嘗使進饌於客, 見者皆爲之起, 母曰:「微賤如此, 當應爲小兒故也.」宣氏知遂止. 時人爲之語曰:「後進領袖有裴秀!」. 武帝時爲司空. 秀儒學洽聞留心政事, 以職在地官, 作《禹貢地域圖》奏之, 藏於祕府. 制圖之體有六. 一曰『分率』, 所以辨廣輪之度, 二曰『準望』, 所以正彼此之體. 三曰『道里』, 所以定所由之數. 四曰『高下』, 五曰『方邪』, 六曰『迂直』. 此六者各因地而制宜. 所以校夷險之異.

3.《世說新語》賞譽篇

諺曰:「後來領袖有裴秀」

036(別-12) 수장감쇠受杖感衰 ·········· (漢) 伯兪

회초리를 맞으며
어머니의 노쇠함을 느낀 백유

한漢나라 때 한백유韓伯兪는 어버이를 섬기며 매우 유순하였다. 매번 작은 잘못이라도 있어 어머니가 노하시면, 꿇어앉아 매를 맞기를 청하였다. 어머니가 회초리를 때려도 역시 우는 법이 없었다.

그런데 어느 날, 어머니가 회초리로 때리자 눈물을 흘리는 것이었다. 어머니가 물었다.

"다른 날에 울었던 적이 없거늘 지금 이렇게 우는 것은 무슨 까닭이냐?"

그는 이렇게 대답하였다.

"지난 날 어머니 매는 아팠는데 지금 어머니 힘이 나를 아프게 하지 못하시니 이는 늙으셨기 때문입니다. 그 때문에 우는 것일 뿐입니다."

어머니는 눈물을 와락 흘리며 매를 던져버렸다.

"꿇어앉아 어머니의 매를 달게 받으면서도
마음 속으로는 조금도 상처를 받지 않았다네.
그런데 매를 때리면서도 힘이 없어진 것으로써
양 귀밑머리가 이미 희끗희끗하심에 슬픔이 밀려오네."

韓伯兪'受杖感衰'

漢, 韓伯兪, 事親能順, 每有小過, 母怒, 跪而進杖, 笞之, 亦不泣.

一日母笞之, 淚下, 母曰:「他日未嘗泣, 今泣何也?」

對曰:「他日笞痛, 今母力不能使痛, 衰矣. 故泣耳」

母泫然投杖.

『跪受慈親杖, 中情不覺傷.
施刑無力處, 兩鬢感蒼蒼.』

【受杖感衰】 회초리를 맞으며 어머니의 노쇠함을 슬퍼함.

【韓伯兪】 다른 기록에는 '伯兪'로만 기록되어 있으며 한나라 때 효자.《蒙求》에는 '伯瑜'로 표기되어 있음.

【杖】 원래 몽둥이를 뜻하는 말이나 여기서는 '매, 회초리'로 풀이하였음.

【泫然】 와락 눈물을 흘리는 모습.

【中情】 가슴 속에 들어 있는 아름다운 정서.

【兩鬢】 양쪽 귀밑머리. 사람은 머리가 셀 때 이 부분이 가장 먼저 희어져 흔히 늙어 감을 뜻하는 말로 쓰임.

【蒼蒼】 蒼白. 머리가 희어짐을 말함.

참고 및 관련 자료

1.《說苑》建本篇

伯兪有過, 其母笞之, 泣, 其母曰:「他日笞子未嘗見泣, 今泣何也?」 對曰:「他日兪得罪笞嘗痛, 今母之力不能使痛, 是以泣.」 故曰父母怒之, 不作於意, 不見於色,

深受其罪, 使可哀憐, 上也; 父母怒之, 不作於意, 不見於色, 其次也; 父母怒之, 作於意, 見於色, 下也.

2.《蒙求》伯瑜泣杖

《說苑》曰: 伯瑜有過, 其母笞之, 泣. 母曰:「他日笞未嘗泣, 今泣何也?」對曰: 「他日得罪笞, 常痛. 今母之力不能痛, 是以泣.」《十二國史》: 瑜作俞.

3.《小學》稽古「明倫」

伯俞有過, 其母笞之, 泣. 其母曰:「他日笞, 子未嘗泣. 今泣, 何也?」對曰: 「俞得罪, 笞常痛, 今母之力, 不能使痛, 是以泣.」

037(別-13) 몽우자친夢遇慈親 ·········· (齊) 王鏗

꿈속에 자애로운 어머니를 만난 왕갱

제齊나라 때 선도宣都 사람 왕갱王鏗은 겨우 세 살 어린 나이에 어머니를 잃어 비통함을 스스로 이겨내지 못하고 있었다.

그는 자라서 저승 세계에 기도하여 한 번 꿈속에서라도 어머니 모습을 볼 수 있게 해 달라고 빌었다.

이렇게 정성으로 기도하기를 삼 년, 꿈에 어떤 부인이 나타나 자신이 바로 그의 어머니라는 것이었다. 왕갱은 크게 울부짖다가 깨어났다.

그리고 급히 옛날 어머니의 병을 모셨던 여러 사람들을 찾아가 어머니의 용모와 옷차림을 물었더니 과연 꿈에 본 모습이 생전 그대로였다.

"나이 세 살에 어머니를 잃고 말아,
　자상한 어머니의 얼굴조차 기억할 길이 없었네.
　정성을 다하여 한 번 볼 수 있도록 빌었더니
　꿈속 보인 모습 모호하지 않았다네."

王鏗'夢遇慈親'

齊, 宣都王鏗, 三歲失恃, 悲不自勝.

及長, 祈請幽冥, 求一夢見. 誠心三年, 夢一婦人, 云是
其母, 鏗大哭而覺.

急問舊時侍疾諸人, 容貌衣服, 果如平生.

『三歲當衰絰, 慈顔記得無.
　誠心求一見, 夢裡不模糊.』

【夢遇慈親】꿈 속에서 어머니의 모습을 만남.

【齊】南朝 齊나라. 蕭道成이 남조 劉宋나라를 이어 479~502년까지 建康
(지금의 南京)을 도읍으로 하였으며 梁 武帝 蕭衍에게 망함.

【宣都】지명. 구체적으로 알 수 없음.

【王鏗】효자. 史籍에 올라 있지 않아 구체적으로는 알 수 없음.

【失恃】믿고 의지할 사람을 잃음. 부모를 잃음을 말함.

【幽冥】冥界. 저승 세계. 돌아가신 부모님이 계시는 곳. 세 살에 어머니를
잃어 그 모습을 기억하지 못하여 어떤 모습인지 꿈에라도 볼 수 있도록
기도를 한 것임.

【衰絰】'최질'로 읽으며 상복을 일컫는 말. '衰'는 '縗'와 같으며 '斬縗'의
줄인 말. 五服 중 가장 중한 것. 거친 베로 만들며 옷 가장자리를 꿰매지
않음. 자녀가 부모의 상에 입으며 며느리가 시아버지, 남편의 상에, 장손이
조부모의 상에 입는 상복. '絰'은 삼으로 만든 머리띠나 허리띠를 말하며
首絰과 腰絰이 있음.

【模糊】제대로 알 수 없음. 疊韻連綿語.

1. 얼굴도 모른 채 돌아가신 어머니의 모습을 보고자 기도하여 꿈속에서
모습을 만나게 되었다는 효감고사.

038(別-14) 대부종정代父從征 ……… (隋) 花木蘭
아버지를 대신하여 전쟁에 나선 화목란

수隋나라 때 화목란花木蘭의 아버지 화호花弧는 상구商丘 사람이다.

당시는 전쟁의 정역征役에 고통을 당하고 있었던 때였으며, 아버지는 늙고 게다가 병까지 들어 전쟁에 나설 수가 없었는데도 유사有司에게 재촉을 받고 있었다.

화목란은 이에 띠를 띠고 군장을 갖춘 다음 문을 나서서 아버지를 대신하여 변방 전투에 12년을 참가하였지만 사람들은 그가 여자인 줄 몰랐다.

그는 공을 세워 '효열장군孝烈將軍'에 봉해졌다.

"비단 치마 대신 철갑으로 갈아입고,
　원정 싸움터에 나가 일찍이 공을 세웠다네.
　그 이름 수나라 역사상에 길이 남으니,
　효성과 맹렬함을 함께 한 장군으로 기록되었네."

花木蘭'代父從征'

隋, 花木蘭, 父弧, 商丘人.

時苦征役, 父老且病, 不能從行, 爲有司所逼.

蘭乃束裝出門, 代父戍邊一十二年, 人不知爲女子也.

有功, 封孝烈將軍.

『鐵甲換羅裙, 從征早立勳.

　名垂隋史上, 孝烈記將軍.』

【代父從征】 아버지를 대신하여 전쟁에 나감. '花蘭從戎', '花蘭從軍', '代父從戎' 등 여러 표현이 있음. 《新編二十四孝圖》에는 '替父從軍'으로 되어 있음.

【隋】 隋나라 때의 일이라 하였으나 실제 수나라 직전의 南北朝 때 北朝 어느 나라에 있었던 故事로 널리 알려져 있음.

【花木蘭】 아버지를 대신하여 전쟁에 나서 큰공을 세운 여성 이름. 전쟁이 끝나고 돌아오도록 그가 여자인 줄 몰랐다는 내용이며, 이 고사는 郭茂倩의 《樂府詩集》에 〈木蘭辭〉의 제목으로 전문이 실려 있으며 남쪽 〈孔雀東南飛〉와 對稱하여 北朝의 최고 民歌로 널리 알려져 있음. 한 때 〈뮬란(Mulan)〉이라는 애니메이션 영화로 널리 알려지기도 하였음.

【弧】 花木蘭의 아버지 花弧. 그러나 다른 기록에는 그의 이름이 구체적으로 알려져 있지는 않음.

【商丘】 지명. 지금의 河南 商丘市.

【有司】 어떤 한 가지 일을 맡은 관원. 여기서는 징집과 군역을 담당한 관리를 가리킴.

【逼】 몰림. 핍박을 당함. 급히 종군할 것을 재촉함.

1. 이는 널리 알려진 魏晉시대 북방 가요로서 木蘭(花木蘭)이 아버지를 대신하여 원정에 나섰다가 돌아올 때 동료 병사들조차 그가 여자인 줄 몰랐다는 유명한 〈木蘭辭〉를 바탕으로 정리된 孝感故事임.

2. 〈逸錄〉054 「木蘭從軍」은 이를 주제로 한 것임.

3. 《樂府詩集》(25) 橫吹曲辭(5) 〈木蘭辭〉

唧唧復唧唧, 木蘭當戶織. 不聞機杼聲, 惟聞女歎息.

問女何所思, 問女何所憶. 女亦無所思, 女亦無所憶.

昨夜見軍帖, 可汗大點兵. 軍書十二卷, 卷卷有爺名.

阿爺無大兒, 木蘭無長兄. 願爲市鞍馬, 從此替爺征.

東市買駿馬, 西市買鞍韉. 南市買轡頭, 北市買長鞭.

但辭爺孃去, 暮宿黃河邊. 不聞爺孃喚女聲, 但聞黃河流水鳴濺濺.

旦辭黃河去, 暮至黑山頭. 不聞爺孃喚女聲, 但聞燕山胡騎鳴啾啾.

萬里赴戎機, 關山度若飛. 朔氣傳金柝, 寒光照鐵衣.

將軍百戰死, 壯士十年歸. 歸來見天子, 天子坐明堂.

策勳十二轉, 賞賜百千强. 可汗問所欲:

「欲與木蘭賞, 不願尙書郎, 願馳千里足, 送我還故鄕.」

爺孃聞女來, 出郭相扶將. 阿姊聞妹來, 當戶理紅妝.

小弟聞姊來, 磨刀霍霍向豬羊. 開我東閣門, 坐我西間牀.

脫我戰時袍, 著我舊時裳. 當窗理雲鬢, 挂鏡帖花黃.

出門看火伴, 火伴皆驚惶:「同行十二年, 不知木蘭是女郞!」

雄兎脚撲朔, 雌兎眼迷離. 雙兎傍地走, 安能辨我是雄雌!

039(別-15) 모병불유母病不乳 ·········· (唐) 許法愼
어머니의 병환에 젖을 먹지 않은 허법신

당唐나라 천보天寶 때 창주滄洲의 허법신許法愼은 태어난 지 돌도 되지 않아 어머니가 병환이 들자 젖을 먹으려 들지 않은 채 참담하게 마치 근심 띤 모습을 하는 것이었다. 사람들 모두가 기이한 아이라 여겼다.

그 때 마침 감로甘露가 내려 그의 문에 정려旌閭가 세워지자 당시 사람들은 그를 '반령효자'牛齡孝子라 불렀다.

"지극한 성품은 하늘로부터 받은 것,
　사람으로 태어나 어린 나이에 효성을 알았네.
　어머니께서 마침 병환이 들고나자,
　어린 아이는 감히 배고프다 울지도 않았다네."

許法慎「母病不乳」

唐, 天寶時, 滄洲許法愼, 生未及歲, 母病不肯飮乳, 慘然
若有憂色, 人咸奇之.

會甘露降, 旌其門, 時呼爲‘半齡孝子’.

『至性從天賦, 人生孝早知.

萱帷方寢疾, 兒不敢啼饑.』

【母病不乳】 어머니가 편찮은 것을 알고 어린 젖먹이가 젖을 먹지 않음.

【許法愼】 唐나라 때 滄洲 사람. 天寶 연간에 表彰을 받음. 《新唐書》(195)
孝友傳에 그의 전이 실려 있음.

【天寶】 唐 玄宗(李隆基) 때의 연호. 742~755년까지 14년 간이었음. 당 현종이
楊貴妃에게 혹하여 安祿山의 난이 일어났으며 그 뒤를 肅宗(李亨)이 이음.

【滄洲】 지명.

【甘露】 단 맛이 나는 이슬. 하늘이 상서로움을 내릴 때 나타난다고 여겼음.

【半齡孝子】 미처 한 살도 되기 전에 효성을 드러낸 아이라는 뜻.

【萱帷】 ‘萱’은 萱堂. 어머니가 계신 곳. ‘帷’는 휘장. 옛날 어머니가 계신
뒷마당에 원추리(萱)를 심어 흔히 어머니를 대신하는 말로 쓰임.

참고 및 관련 자료

1. 《新唐書》(195) 孝友傳(許法愼)

許法愼, 滄州淸池人. 甫三歲, 已有知, 時母病, 不飮乳, 慘慘有憂色. 或以珍
餌詭悅之, 輒不食, 還以進母. 後親喪, 常廬于塋, 有甘露·嘉禾·靈芝·木連枝·
白兔之祥. 天寶中, 表異其閭.

040(別-16) 적혈인해滴血認骸 ·········· (唐) 王少玄

핏방울을 묻혀
아버지 시신을 찾아낸 왕소현

　당唐나라 때 왕소현王少玄의 아버지 왕정재王廷宰는 수隋나라 말기에 난병亂兵들에게 죽고 말았다.

　유복자로 태어난 왕소현은 겨우 열 살 때 아버지의 소재를 물었다. 어머니가 그 사실을 일러주자 그는 크게 애통해하며 마침내 유사有司에게 아버지의 시신을 찾을 수 있도록 해 달라고 요구하였다.

　당시 들에는 백골들이 서로 쌓여 덮인 채 눌려 있었다. 어떤 이가 왕소현에게 이렇게 말하였다.

　"그대의 피를 백골들에게 묻혀 보아 피가 스며들면 그것이 아버지의 시신일 것이다."

　왕소현은 자신의 피부를 뚫어 핏방울을 묻혀 낸 다음 이렇게 하나씩 실험해 나가며 살피기를 몇 십일을 하여 마침내 아버지 시신을 찾을 수 있었다. 그리하여 그는 이불과 관곽棺槨을 마련하여 장례를 치렀다.

> "백골들이 처참하게 언덕을 이루었고,
> 　바람은 전쟁터에 슬프게 불어오네.
> 　아버지의 해골을 어디가 찾으리오?
> 　자신의 피를 묻혀 이끼 속을 헤매었네."

王少玄 '滴血認骸'

唐, 王少玄, 父廷宰, 隋末死於亂兵.

遺腹生玄, 甫十歲, 問父所在. 母告以故, 大慟, 遂向有司求尸.

時野中白骨覆壓, 或曰:「以子血漬而滲者, 父骴也.」

玄鑱膚滴血, 閱數旬竟獲, 爲衣衾棺槨葬之.

『白骨慘成堆, 風生戰野哀.
　親骸何處覓? 漬血遍莓苔.』

【滴血認骸】핏방울을 묻혀 아버지의 해골임을 알아냄.

【王少玄】唐나라 초기 山東 聊城 사람. 뒤에 孝廉으로 발탁되어 徐王府 參軍에 오름.

【廷宰】왕소현의 아버지 王廷宰. 그러나 正史에는 아버지의 이름이 구체적으로 나타나 있지 않음.

【漬】'담그다, 적시다'의 뜻. '지'로 읽음.

【滲】스며들어감. 滲透해 들어감.

【骴】썩은 살. 屍身의 腐爛한 살.

【竟獲】마침내 아버지의 시신을 찾아냄.

【莓苔】이끼.

참고 및 관련 자료

1. 《舊唐書》(188) 孝友傳(王少玄)

博州聊城人王少玄者, 父隋末於郡西爲亂兵所害. 少玄遺腹生, 年十餘歲, 問父所在, 其母告之, 因哀泣, 便欲求屍以葬. 時白骨蔽野, 無由可辨, 或曰:「以子

血霑父骨, 卽滲入焉」少玄乃刺其體以試之, 凡經旬日, 竟獲父骸以葬. 盡體病瘡, 歷年方愈. 貞觀中, 本州聞薦, 拜徐王府參軍.

2. 《新唐書》(195) 孝友傳(王少玄)

王少玄, 博州聊城人. 父隋末死亂兵, 遺腹生玄. 甫十歲, 問父所在, 母以告, 卽哀泣求尸. 時野中白骨覆壓, 或曰:「以子血漬而滲者, 父骼也.」少玄鑱膚, 閱旬而獲. 遂葬. 創甚, 彌年乃興. 貞觀中, 州言狀, 拜徐王府參軍.

041(別-17) 등제불사登第不仕 ············ (宋) 包拯
과거에 급제하고도
벼슬길에 나서지 않은 포증

송宋나라 포증包拯은 어린 나이에 과거에 급제하여 조정에서 외관外官의 벼슬을 주었으나 이렇게 사양하였다.

"신은 어버이가 살아 계십니다. 원컨대 어버이를 봉양하며 벼슬을 하지 않겠습니다."

임금은 그가 관리로서의 재능은 없는 것이라 여겨 고향으로 돌아갈 것을 허락하였다.

십년 후, 어버이가 돌아가시자 그는 비로소 벼슬길에 올랐는데 송사를 판결함에 있어서 마치 신과 같았다.

인종仁宗 때에 여러 차례 승진하여 추밀부사樞密副使에 올랐으며, 죽은 뒤 예부상서禮部尙書에 추증되었고, 시호는 효숙孝肅이라 하였다.

"어린 나이에 급제하였다고 소문이 자자한데,
　관직에 오른 그 이름을 사양하고는,
　비단옷 입고 고향으로 돌아와,
　부모님만 십여 년 봉양하였네."

包拯 '登第不仕'

宋, 包拯, 年少登第, 朝廷授以外官, 辭曰:「臣雙親在堂, 願侍養而不仕」

上以爲無吏才也, 許歸里.

十年後, 親歿, 始仕, 決獄如神.

仁宗朝, 累官至樞密副使, 卒贈禮部尚書, 諡孝肅.

『年少說龍圖, 辭官登籍初.
　錦衣歸故里, 侍養十年餘』

【登第不仕】과거에 급제하였으나 부모님을 모시기 위해 벼슬길에 나서지 않음.
【包拯】자는 希仁(999~1062). '包青天', '包待制'로 널리 알려진 北宋 때의 유명한 判官. 盧州 合肥 사람으로 28세에 進士에 급제하자 그를 建昌縣의 知縣으로 파견하였으나 年老한 부모님을 핑계로 사직함. 뒤에 和州의 徵稅官으로 발탁하였으나 역시 부모님 곁을 떠날 수 없다고 거절함. 부모님이 돌아가시자 10년 守墓를 마치고 40세에 비로소 天長縣 知縣이 되었으며, 뒤에 開封府 知府로써 공정한 판결로 이름을 드날려 '包青天' 이라 불림. 仁宗 때에 樞密院副使에 올랐

包拯(孝肅)《三才圖會》

으며 죽은 뒤 禮部尙書가 추증되었고 시호는 孝肅, 그 때문에 흔히 '孝肅 包公'으로 부름.《宋史》(316)에 傳이 있음.
【仁宗】北宋 제4대 황제. 이름은 趙禎. 1023~1063년 재위.
【登籍】官籍에 그 이름을 올림.
【龍圖】벼슬길. 청운의 길. 여기서는 영예롭게 과거에 급제함을 뜻함.
【錦衣】錦衣還鄕과 같음. 과거에 급제하여 성공한 만큼 비단옷을 입고 고향 으로 돌아와 그 영광을 과시해야 함을 말함.

1.《宋史》(316) 包拯傳

包拯字希仁, 廬州合肥人也. 始擧進士, 除大理評事, 出知建昌縣. 以父母皆老, 辭不就. 得監和州稅, 父母又不欲行, 拯卽解官歸養. 後數年, 親繼亡, 拯廬墓 終喪, 猶裵徊不忍去, 里中父老數來勸勉. 久之, 赴調, 知天長縣. 有盜割人牛 舌者, 主來訴. 拯曰:「第歸, 殺而鬻之.」尋復有來告私殺牛者, 拯曰:「何爲 割牛舌而又告之?」盜驚服. 徙知端州, 遷殿中丞. 端土産硯, 前守緣貢, 率取數 十倍以遺權貴. 拯命製者才足貢數, 歲滿不持一硯歸. ……拯立朝剛毅, 貴戚宦 官爲之斂手, 聞者皆憚之. 人以包拯笑比黃河清, 童稚婦女, 亦知其名, 號曰 「包待制」. 京師爲之語曰:「關節不到, 有閻羅包老」舊制, 凡訟訴不得徑造庭下. 拯開正門, 使得至前陳曲直, 吏不敢欺.

042(別-18) 유통효경幼通孝經 ·········· (宋) 朱熹

어린 나이에
《효경》의 참뜻을 통달한 주희

송宋나라 때, 문공文公 주희朱熹는 자가 회암晦庵이다. 여덟 살 때 《효경孝經》을 읽으면서 곧바로 그 대의大義를 알아차리고는 장난삼아 주해注解를 붙였다.

그리고 그는 여덟 자를 그 말미에 이렇게 썼다.

"만약 이와 같이 하지 않는다면 이는 사람이 될 수 없으리라!"

"어린 나이에 이미 윤리를 밝히 알았으니
천추를 두고 회암을 거론하지.
시험삼아 여덟 자 표기를 보면
그 어느 자엔들 부끄러움을 느끼지 않을 수 있으랴?"

朱熹 '幼通孝經'

宋, 朱文公熹, 字晦庵. 八歲讀《孝經》, 卽知大義, 戲爲注解.

書八字於其後云:「若不如此, 便不成人!」

『自幼明倫理, 千秋說晦庵.
　試看標八字, 那個可無慚?』

朱熹

【幽通孝經】 속으로 이미 《孝經》의 본 뜻을 통달함.

【朱熹】 1130~1200. 南宋 때 徽州 婺源 사람. 建陽의 考亭에 옮겨 살았음. 자는 元晦, 혹은 仲晦이며 호는 晦庵, 晦翁, 遯翁, 滄洲病叟 등이었으나 별칭으로는 紫陽先生, 考亭先生, 雲谷老人 등으로 불렸음. 朱公의 아들로서 高宗 紹興 18년(1148)에 진사에 올라 同安主簿라는 벼슬을 하였으며, 孝宗 淳熙 연간에 知南康軍이 되었다가 浙東茶鹽公事에 오르기도 함. 당시 절동 지역에 큰 기근이 들자 救荒을 서두르며 정치의 폐단을 주장하기도 함. 慶元 2년 귀향하여 경원 6년(1200)에 생을 마쳤으며 시호는 文公.

朱文公(朱熹)《晩笑堂畫傳》

그는 李侗에게 수학하여 程顥, 程頤의 학문을 전수하는 것으로써 목표를 삼고 아울러 周敦頤, 張載 등의 학설을 모아 북송 이래 이학을 집대성하였음. 그리하여 白鹿洞書院, 岳麓書院, 武夷精舍 등에서 50여년 간 講學에 힘써 閩學派, 혹은 考亭學派라는 남송 최대 이학의 한 파를 이루었으며, 二程의 학문을 이어받았다 하여 程朱學이라고도 불림. 그의 학문은 한때 한탁주(韓侂周) 등으로부터 '僞學'으로 배척을 받기도 하였으나 역시 漢代 이래 최고의 학자로 지금까지 널리 칭송을 받고 있음. 《四書章句集註》, 《名臣言行錄》,

《伊洛淵源錄》,《資治通鑑綱目》,《詩集傳》,《楚辭集註》,《小學》등이 있으며 후인이 편집한 〈朱子語類〉, 〈朱文公文集〉등이 있음. 그의 사적은《勉齋集》 (36) 行狀과《宋史》(429) 道學傳에 자세히 실려 있음.

【孝經】공자의 孝 사상을 曾子가 편집한 것으로 十三經의 하나이며 儒家의 중요한 經書.《史記》仲尼弟子列傳에 "曾參, 南武城人. ……孔子以爲能通 孝道, 故授之業. 作《孝經》"이라 함. 曾子는 曾參. 자는 子輿. 南武城 사람 으로 孔子의 수제자이며 효성으로 이름이 났었음. 아버지는 曾晢(曾點) 이었으며 아들은 曾元이었음.《孝經》을 정리한 것으로 알려짐.

【戲爲注解】'戲'는 자신이 어린 나이였음을 말함.

【注解】'註解'로도 표기하며 原文에 註釋과 解義를 붙이는 작업.

【八字】道學傳(朱熹)에는 모두 여섯 글자, 즉 '不若是, 非人也'라 함.

【便】강조법 문장에 주로 쓰이며 백화어 '就'와 같음.

【那個】'그 어느 하나인들 ~겠는가?'의 뜻. '那'는 '哪'와 같으며 疑問副詞.

참고 및 관련 자료

1.《宋史》(429) 道學傳(朱熹)

朱熹字元晦, 一字仲晦, 徽州婺源人. 父松字喬年, 中進士第. ……熹幼穎悟, 甫能言, 父指天示之曰:「天也.」熹問曰:「天之上何物?」松異之. 就傅, 授以 《孝經》, 一閱, 題其上曰:「不若是, 非人也.」嘗從羣兒戲沙上, 獨端坐以指畫沙, 視之, 八卦也.

朱晦菴(朱熹)《三才圖會》

043(別-19) 조복시립朝服侍立 ………… (宋) 王溥
조복 차림으로 아버지를 모신 왕부

송宋나라 때 왕부王溥는 나이 서른 둘에 재상에 올랐다.

아버지 왕조王祚는 여러 차례 방어사防禦使라는 직책을 역임하여 조정의 신사들이 다투어 그에게 찾아와 이 때문에 그들 대접과 응대에 골머리를 앓고 있었다.

왕부는 이에 재상의 조복朝服을 차려 입고 아버지 곁에서 모셨다. 그러자 손님들은 불안해하며 돌아가겠다고 하였다. 이로써 그 집을 찾아오는 거마車馬는 점차 줄어들었고 아버지도 편안함을 얻을 수 있었다.

"세력을 쫓아 몰려드는 많은 문객들,
    아버지는 날이 저물도록 휴식을 취할 수도 없었네.
    곁에 조복을 입고 말려주는 아들이 없었다면
    아버지 백발은 더욱 최잔하게 될 뻔했네."

王溥「朝服侍立」

宋, 王溥, 年三十二拜相.

父祚累遷防禦使, 朝臣趨走, 苦於應酬.

溥乃朝服侍側, 客不安求去, 由是車馬漸少, 父遂得逸.

『趨勢多門客, 高堂晏息難.

傍無朝服者, 白髮被摧殘.』

【朝服侍立】 정복 차림을 하고 아버지를 곁에서 모셔 남들로 하여금 엄숙
하도록 분위기를 만듦.

【王溥】 자는 제물. 北宋 幷州 祁縣(지금의 山西) 사람. 五代 後漢 때 進士에
올라 後主 때 재상이 되었으며, 다시 宋나라가 들어서자 司空에 오름.《宋史》
(249)에 전이 있음.《唐會要》와《五代會要》등을 저술하였으며 문집 20권이
있음.

【祚】 王溥의 아버지 王祚. 宿州防禦使를 역임하였으며 퇴임하여 집에 있었음.

【防禦使】 軍職의 하나. 國防 임무를 맡은 직책. 비교적 높은 직위였음.

【趨走】 그를 찾아 몰려오는 이들이 많음을 말함.

【應酬】 손님을 맞이하고 대접해야 하는 등 번거로운 일을 뜻함.

【朝服】 정복. 조회할 때 공식적으로 갖추어야 하는 예복. 왕부가 재상으로서
이러한 복장을 하고 아버지를 모심으로써 찾아온 손님들로 하여금 엄숙
하면서도 한편으로는 불편한 분위기를 조성하여 물러서도록 한 것. 이는
아버지를 편안히 해드리고자 한 것임.

【逸】 편안함.

【高堂】 아버지. 높은 직위의 벼슬을 의미하기도 함.

【晏】 날이 저묾. 낮에는 물론 저녁이 되도록 쉴 수가 없음.

【摧殘】 꺾이고 殘衰해짐.

1.《宋史》(249) 王溥傳

王溥字齊物, 幷州祁人. 父祚, 爲郡小吏. 有心計, 從晉祖入洛, 掌鹽鐵案, 以母老解職歸. 漢祖鎭幷門, 統行營兵拒契丹, 委祚經度芻粟; 卽位, 擢爲三司副使. ……溥在相位, 祚以宿州防禦使家居, 每公卿至, 必首謁. 祚置酒上壽, 溥朝服趨侍左右, 坐客不安席, 輒引避. 祚曰:「此豚犬耳, 勿煩諸君起」溥諷祚求致政, 祚意朝廷未之許也. 旣得請, 祚大買溥曰:「我筋力未衰, 汝欲自固名位, 而幽囚我.」擧大梃將擊之, 親戚勸諭乃止. 溥好學, 手不釋卷, 嘗集蘇冕《會要》及崔鉉《續會要》, 補其闕漏, 爲百卷, 曰《唐會要》. 又采朱梁至周爲三十卷, 曰《五代會要》. 有集二十卷.

044(別-20) 질목성마叱木成馬 ·········· (宋) 崔人勇
도인이 나무를 꾸짖어
말을 만들어주었던 최인용

송宋나라 최인용崔人勇은 섬서陝西 사람이다.

멀리 남쪽 광서廣西에 수자리를 나갔다가 어머니 병이 위급하다는 소식을 듣고 크게 울며 실성하고 말았다.

그는 급히 돌아가고 싶은 생각에 오래 된 사당에 들어가 빗자루를 찾다가 걸식하는 도인을 만났다. 최인용이 그에게 빨리 갈 수 있는 방법을 묻자 도인은 이렇게 말하였다.

"내 그대에게 신마神馬를 빌려주겠소. 사흘이면 닿을 수 있을 것이오."

그리고는 나무를 꾸짖어 말을 만드는 것이었다. 최인용이 말에 오르자 느낌에 심히 빨랐으며, 과연 사흘 만에 어머니께 도달하였다.

어머니는 자식이 돌아왔다는 소식을 듣고 병 역시 금방 쾌유되었다.

"어머니 병환에 돌아가고 싶은 마음이 급하였네.
 그러나 그 길은 천 리나 먼 아득한 거리.
 빠른 목마를 타고 내달려 가니,
 남쪽 멀리에서 건너온 길 모두가 기이하게 여겼네."

崔人勇 '叱木成馬'

宋, 崔人勇, 陝西人.

戍廣西, 聞母病危, 大哭失聲.

思歸甚急, 入一古廟求筶, 遇丐食道人, 勇問之, 道人曰:
「借汝神馬, 三日可到.」

遂叱木成馬, 勇乘之, 覺行甚速, 果三日到.

母聞子歸, 病亦頓愈.

『母病思歸急, 長途千里暌.
　疾行乘木馬, 南渡事同奇.』

【叱木成馬】 나무를 꾸짖어 말이 되도록 함.

【崔人勇】 史書에 올라 있지 않아 구체적으로 알 수 없음.

【陝西】 陝縣의 서쪽. 지금의 陝西省 일대.

【廣西】 중국의 가장 남쪽. 지금의 廣西壯族自治區 일대.

【筶】 원래는 빗자루. 이를 말처럼 타고 급히 달려갈 수 있도록 해 줄 것을
기도한 것임. 혹은 '筶帚姑'가 아닌가 함. '소추고'는 巫女를 뜻하며 《直隷志》
永平府에 "牛有筶帚姑, 箕姑, 鍼姑, 葦姑者, 皆女巫, 因走病而誑誕其俗也"라
함. 혹은 사당을 깨끗이 청소함으로써 어머니의 병환을 낫도록 경건한
태도를 보임을 뜻하는 것으로도 볼 수 있음.

【丐食道人】 乞食道人과 같음. 밥을 구걸하는 도인.

【頓愈】 금방 나음. 병이 잠깐 사이 완쾌됨.

【暌】 멀리 떨어져 있음. 아주 먼 거리를 말함.

1. 도사의 힘을 빌려 나무를 말로 변하게 한 다음 어머니에게 급히 달려갈 수 있었다는 효감 고사.

045(別-21) 천석기전天錫奇錢 ·········· (宋) 孀婦 吳氏
하늘이 기이한 돈을 내려준 과부 오씨

　　宋송나라 도창都昌 고을의 청상과부 오씨吳氏는 자식이 없었으나 시어머니를 정성껏 모셨다. 겨울밤이면 시어머니가 추울까 하여 반드시 이불을 따뜻하게 해 드렸고, 혹 땔감을 제대로 구하지 못하면 곧바로 자신의 체온으로 이를 따뜻이 해 드렸다.

　　시어머니는 늙은 데다가 맹인이었다. 그는 며느리가 홀몸이 됨을 안타깝게 여겨 의로운 사나이를 불러 시집을 보냈으면 했지만 며느리는 이를 그만두도록 권하였다.

　　며느리는 길쌈을 하고 누에를 쳐서 돈이 생기면 이 모두를 시어머니 봉양에 썼다. 그러던 어느 날, 밥을 짓다가 이웃집 아낙이 불러 잠깐 부엌을 비우게 되었는데, 시어머니는 밥이 지나치게 익지나 않을까 하여 이를 쟁반에 옮겨 놓는다는 것이 그만 잘못하여 변기통에다가 쏟아 붓고 말았다.

　　오씨가 이를 보고는 얼른 이웃집으로 가서 밥을 빌려다가 시어머니께 먹여드렸다. 시어머니도 역시 이를 알지 못하였고, 며느리는 오물에 빠진 밥을 건져내어 물을 길어 잘 씻은 다음 쪄서 먹었다.

　　그리고 다시 시어머니가 늙으셨음에 뜻밖의 일에 대비하고자 하였지만 관을 마련할 길이 없었다. 이에 자신이 가진 것을 모두 전당잡혀 이웃에게 뒷일에 대비해 줄 것을 부탁하였다.

　　그러던 어느 저녁, 홀연히 꿈에 흰 옷을 입은 부인이 나타나 이렇게 말하는 것이었다.

　　"너는 그저 촌부일 뿐이건만 시어머니를 이렇게 고생하며 부지런히 모시고 있으니 하늘이 너에게 일전一錢을 내려주리라."

孀婦 吳氏 '天錫奇錢'

일찍 일어나 보았더니 침상 머리맡에 과연 돈이 있는 것이었다. 하루를 더 자고 났더니 천전千錢이 되었으며 이를 다 쓰고 나면 다시 생기는 것이었다. 거의가 자모전子母錢이었다.

뒤에 그 부인은 병이 없이 세상을 마쳤으며 기이한 향기가 열흘을 계속하다가 돈도 홀연히 어디로 사라졌는지 알 수 없었다.

"시어머니를 잘 모신 청상과부의 고통,
 평생토록 길쌈으로 봉양하였다네.
 밤 맛을 보면서도 더러웠던 것임을 모두 잊었네,
 하늘이 가련히 여겨 기이한 돈을 내려주었네."

宋, 都昌嬬婦吳氏, 無子, 事姑孝. 冬夜恐姑寒, 必溫衾, 或不得火, 輒以身溫之.

姑老且盲, 念吳孤單, 欲招一義兒, 婦勸止.

績麻飼蠶, 獲錢悉奉姑.

嘗炊飯, 鄰婦呼之出, 姑恐過熟, 取置盆中, 而誤傾穢桶.

吳見之, 亟往鄰家借飯饋姑, 姑亦不知; 自拈所污者, 汲水滌蕩蒸食.

又念姑老, 設不諱, 無由得棺, 盡典所有, 托鄰人置備後事.

一夕忽夢白衣婦人云:「汝村婦耳, 事姑勤苦如此, 天與汝一錢.」

蚤起, 床頭果得錢, 越宿得千錢, 用盡復有, 蓋子母錢也.

後婦無疾而終, 異香經旬, 錢忽失所在.

『事姑孀婦苦, 紡績養終年.
嘗飯都忘穢, 天憐賜異錢.』

【天錫奇錢】하늘이 기이한 돈을 내려줌. '錫'은 '賜'와 같음.
【都昌】지명.
【孀婦】靑孀寡婦. 젊은 나이에 과부가 된 경우를 말함.
【姑】시어머니.
【義兒】의로운 사나이를 구하여 며느리를 개가시키려 함.
【穢桶】변기통. 요강 따위.
【不諱】죽음을 뜻함.
【典】典當잡힘.
【蚤起】'早起'와 같음. '蚤'는 '早'의 가차자.
【床頭】'牀頭'와 같음. 寢牀의 머리맡.
【子母錢】돈이 스스로 새끼를 쳐서 불어나는 것.

┌─────────────────┐
│ 참고 및 관련 자료 │
└─────────────────┘

1. 시어머니를 극진히 모셔 하늘의 도움을 받게 되었다는 효부의 효감고사.

046(別-22) 천지피석踐地避石 ·········· (宋) 徐積

아버지의 이름자라 하여
땅을 밟으며 돌을 피한 서적

송宋나라 때 서적徐積은 어버이 받듦이 심히 경건하였다.

일찍이 밖에 나가 있을 때 아버지 편지가 오면 반드시 꿇어앉아 읽었다. 남이 이를 보고 비웃자 그는 이렇게 말하였다.

"내 고이顧懿에게 배운 것일 뿐이다. 임금의 명령이 하달되면 꿇고 이를 받는다 하였는데, 어찌 아버지가 임금만 못하다는 것이겠는가?"

아버지가 돌아가시고 아버지 함자에 '석石'자가 들어 있어 종신토록 '石'이라는 글자는 사용하지 않았다.

그리고 길을 걷다가 돌을 만나면 역시 피하고 밟지 않았다고 한다.

"돌을 만나면 마치 어버이가 계신 듯,
처연히 비통한 슬픔이 더해 오도다.
그를 어리석은 효자로 보지 말아라.
예로부터 그 몇 사람이나 능히 그렇게 하였느냐?"

徐積 '踐地避石'

宋, 徐積事親甚敬.

嘗客外, 父書至, 必跪讀.

人笑之, 曰:「吾學顧愷耳, 君命至且跪, 奈何父不如君耶?」

及父歿, 以父諱'石', 終身不用'石'字.

遇石路, 亦避而不踐云.

『遇石如親在, 凄然悲感增.
　莫將愚孝看, 終古幾人能?』

【踐地避石】 땅을 밟으면서 아버지 이름의 뜻인 돌은 피함.

【徐積】 節孝先生(1028~1103). 자는 仲車. 節孝는 시호. 宋 楚州 山陽 사람. 胡瑗에게 학문을 배웠으며 英宗 때 進士에 올랐으나 중년에 귀가 먹어 고통을 겪음. 哲宗 때 楚州敎授가 되어 敎學에 힘썼으며 監中岳廟의 직위를 맡음. 徽宗 때 節孝處士라는 시호를 받았으며 저술로《節孝語錄》,《節孝集》 등이 있음.《宋史》(459) 卓行傳에 전이 있음.

【吾學顧愷耳】 '顧愷'는 다른 기록에 보이지 않아 구체적으로 알 수 없음. 人名 으로 볼 수 있음. '學'은 '斅'와 같으며 '그를 그대로 본받아 따라함'의 뜻으 로도 볼 수 있음.

［참고 및 관련 자료］

1.《宋史》(459) 卓行傳 徐積

徐積子仲車, 楚州山陽人. 孝行出於天稟. 三歲父死. 旦旦求之甚哀, 母使讀孝經, 輒淚落不能止. 事母至孝, 朝夕冠帶定省. 從胡翼之學. 所居一室, 寒一衲裘, 啜菽飲水, 翼之饋以食, 弗受.

應擧入都, 不忍捨其親, 徒載而西. 登進士第, 擧首許安國率同年生入拜, 且致百金爲壽, 謝却之. 以父名'石'終身不用石器, 行遇石則避而不踐, 或問之, 積曰:「吾遇之則怵然傷吾心, 思吾親, 故不忍加足其上爾」母亡, 水漿不入口者七日, 悲慟嘔血. 廬墓三年, 臥苫枕塊, 衰絰不去體, 雪夜伏墓側, 哭不絶音. 翰林學士呂溱過其廬適聞之, 爲泣下曰:「使鬼神有知, 亦垂涕也」甘露歲降兆域, 杏兩枝合爲榦. 旣終喪, 不徹筵几, 起居饋獻如平生.

中年有聵疾, 屏處窮里, 而四方事無不知. 客從南越來, 積與論嶺表山川險易·鎭戍疎密, 口誦手畫, 若數一二. 客嘆曰:「不出戶而知天下, 徐公是也」自少及老, 日作一詩, 爲文率用腹稿, 口占授其子. 嘗借人書笈, 經宿還之, 借者紿言中有金葉, 積謝而不辨, 賣衣償之. 鄕人有爭訟, 多就取決. 州以行聞, 詔賜粟帛.

元祐初, 近臣合言:「積養親以孝著, 居鄕以廉稱, 道義文學, 顯於東南. 今年過五十, 以耳疾不能出仕. 朝政方詔擧中外學官, 如積之賢, 宜在所表」乃以揚州司戶參軍爲楚州敎授. 每升堂, 訓諸生曰:「諸君欲爲君子, 而勞己之力, 費己之財, 如此而不爲, 猶之可也. 不勞己之力, 不費己之財, 何不爲君子? 鄕人賤之, 父母惡之, 如此而不爲, 可也. 鄕人榮之, 父母欲之, 何不爲君子?」又曰:「言其所善, 行其所善, 思其所善, 如此而不爲君子者, 未之有也. 言其不善, 行其不善, 思其不善, 如此而不爲小人者, 未之有也」聞之者斂衽敬聽.

居數歲, 使者又交薦之, 轉和州防禦推官, 改宣德郞, 監中岳廟. 卒, 年七十六. 政和六年, 賜諡節孝處士, 官其一子.

2. 《小學》外篇 嘉言 廣立敎

節孝徐先生訓學者曰:「諸君欲爲君子, 而使勞己之力, 費己之財, 如此而不爲君子, 猶可也. 不勞己之力, 不費己之財, 諸君何不爲君子? 鄕人賤之, 父母惡之, 如此而不爲君子, 猶可也. 父母欲之, 鄕人榮之, 諸君何不爲君子?」又曰:「言其所善, 行其所善, 思其所善, 如此而不爲君子, 未之有也」

3. 《明心寶鑑》正己篇(5-70)

節孝徐先生, 訓學者曰:「諸君欲爲君子, 而使勞己之力, 費己之財, 如此而不爲君子猶可也. 不勞己之力, 不費己之財, 諸君何不爲君子? 鄕人賤之, 父母惡之, 如此而不爲君子猶可也. 父母欲之, 鄕人榮之, 諸君何不爲君子?」

047(別-23) 복구멸화伏柩滅火 ·········· (元) 祝公榮
널을 안고 엎드려 불을 막은 축공영

원元나라 때 여수麗水 사람 축공영祝公榮은 자가 대창大昌이었다.

그는 은거하며 어버이를 봉양하였는데 어머니가 돌아가시자 그 널을 정당正堂에 모셔두고 있었다. 그런데 마침 이웃집에 불이 나서 축공영은 힘으로 능히 불길을 잡을 수가 없었다.

이에 크게 애통해하며 어머니 널에 엎어져 이렇게 소리쳤다.

"늙으신 어머니 어찌하면 좋습니까? 원컨대 제 몸도 함께 타겠습니다!"

그러자 갑자기 큰비가 마치 쏟아 붓듯이 내려 불이 꺼지게 되었다.

지원至元 15년 8월 21일의 일이다.

"무섭게 타 들어오는 이웃집 화재,
    관을 옮겨 놓기에도 어려운 형세.
    널에 엎어져 함께 타겠다고 울부짖으니
    쏟아지는 빗줄기가 평안함을 내려주었네."

祝公榮 '伏柩滅火'

元, 麗水祝公榮, 字大昌.

隱居養親, 及母故, 柩在堂, 鄰家失火, 榮力不能救.

大慟, 伏柩呼曰:「老母奈何? 願與俱焚!」

忽大雨如注, 火滅.

至元十五年八月二十一日事也.

『烈火鄰家逼, 移官勢大難.

  伏號身願幷, 一雨賜平安.』

【伏柩滅火】널을 안고 엎드려 불이 붙지 않도록 함.

【麗水】지명. 구체적으로는 알 수 없음.

【祝公榮】인명. 元나라 때 사람으로 자는 大昌. 麗水 사람. 《元史》(198) 孝友
 傳에 그의 전이 실려 있음.

【鄰家失火】《元史》에는 자신의 집 부엌 아궁이에서 불이 난 것으로 되어
 있음.

【至元】元 世祖 쿠빌라이 칸의 연호. 1264~1294년까지 31년간임. 15년은
 1279년임.

참고 및 관련 자료

1.《宋史》(198) 孝友傳(祝公榮)

祝公榮字大昌, 處州麗水人. 隱居養親, 事母甚孝. 母歿, 居喪盡禮. 竈突失火,
公榮力不能救, 乃伏棺悲哭, 其火自滅, 鄕里異之. 塑二親像於堂, 朝夕事之如
事生焉.

048(別-24) 사제목주私祭木主 ············ (明) 楊士奇

사사롭게 아버지 신주를 만들어
제사를 올린 양사기

　명明나라 때 양사기楊士奇는 미천한 시절에 아버지가 돌아가시고 어머니는 개가하여 그도 어머니를 따라 새아버지의 집에 살게 되었다.

　그 집안에서는 매번 선조의 제사를 지낼 때면 양사기에게는 절을 하지 말도록 하였다. 양사기가 괴이히 여겨 어머니에게 여쭙자 어머니는 그 이유를 설명해 주었다.

　양사기는 그 때 겨우 여섯 살, 슬프고 슬픈 마음을 그칠 수 없게 되자 이에 몰래 나무로 아버지 신주를 만든 다음, 자신의 와실臥室에서 제사를 올렸다. 이른 아침 늦은 저녁이면 향을 피우고 무릎을 꿇고 절을 하였으며, 계절이 바뀔 때마다 시절음식을 반드시 바쳐 올렸다.

　뒤에 그는 관직이 소사少師에 이르렀고, 화개전대학사華蓋殿大學士에 임명되었으며 시호는 문정文貞이라 하였다.

> "이른 아침 늦은 저녁 몰래 향불을 피웠으니,
> 　이 사람이야말로 그 근본을 잊지 않았네.
> 　뒷날 성공한 다음 그 나무 신주를 모셔다가,
> 　대겹의 제사에 증상의 제사까지 함께 하게 되었네."

楊士奇‘私祭木主’

明, 楊士奇, 微時父亡, 母改適, 士奇隨往.

每祭先, 不令士奇拜, 奇怪而問母, 母告以故.

奇方六歲, 悽悽不已, 乃私置木主, 祀於臥室, 早晚焚香拜跪, 遇時物必薦.

後官至少師, 拜華蓋殿大學士, 諡曰文貞.

『早晚暗焚香, 斯人本不忘.
　異時迎木主, 大祫共烝嘗.』

【私祭木主】 사사롭게 나무로 神主를 만들어 자신만이 제사를 올림.

【楊士奇】 본명은 楊寓(1365~1444). 명나라 때 江西 泰和 사람. 40여 년간 관직에 있으면서 名臣으로 알려짐. 文壇에도 그 이름을 널리 알려졌으며, 大學士, 兵部尙書 등을 역임함. 《明史》(148)에 전이 있음.

【少師】 벼슬 이름. 太師의 아래로 흔히 東宮太師, 즉 皇太子 교육을 담당하는 관직이었음.

【華蓋殿】 明나라 때의 궁궐 이름이며 각종 문서를 관장하던 곳.

【異時】 다른 날. 흔히 성공한 뒷날을 말함.

【大祫】 제사 이름. 협(祫)은 '祫祀'라고도 하며 元祖를 祖廟가 있는 祠堂으로 遞遷하는 제사.

【烝嘗】 둘 모두 제사 이름. '烝'은 '蒸'으로도 쓰며 겨울 제사(冬祭). '嘗'은 가을 제사(秋祀). 《詩經》 商頌 那에 "溫恭朝夕, 執事有恪. 顧予烝嘗, 湯孫之將"이라 함. 여기서는 양사기가 훌륭하게 성공하여 그가 죽은 뒤 집안 제사에 목주가 정식으로 제사를 흠향하게 되었음을 은연 중에 밝힌 것임.

1.《明史》(148) 楊士奇傳에는 이 고사가 구체적으로는 실려 있지 않음.

2.《明史》(148) 楊士奇傳

楊士奇, 名寓, 以字行, 泰和人. 早孤, 隨母適羅氏. 已而復宗. 貧甚. 力學, 授徒
自給. 多游湖湘間, 館江夏最久. 建文初, 執諸儒修《太祖實錄》, 士奇已用薦徵
授教授當行, 王叔英復以史才薦. 遂召入翰林. 充編纂官. 尋命吏部考第史館
諸儒. 尙書張紞得士奇策, 曰:「此非經生言也」奏第一. 授吳王府審理副,
仍供館職. 成祖卽位, 改編修. 已, 間入內閣, 典機務, 數月進侍講.

Ⅲ.《二十四孝》逸錄

《이십사효》는 대체적으로 앞에 든 24명의 효성 고사로 인물 선정에 큰 출입이 없다. 그러나 徐操(1898~1961, 자 燕孫, 호 霜紅樓主, 河北 深縣 출신)의 《二十四孝圖》에는 〈親嘗湯藥〉(한 무제), 〈嚙指心痛〉(증자), 〈乳姑不怠〉(당부인), 〈恣蚊飽血〉(오맹), 〈扼虎救父〉(양향), 〈棄官尋母〉(주수창), 〈嘗糞憂心〉(유검루), 〈扇枕溫衾〉(황향) 등 8조목이 빠지고 대신 다음과 같은 7가지 고사로 대체되어 있다.(단 郭巨埋兒의 고사는 〈天宮賜金〉과 〈爲母埋兒〉 2가지로 겹쳐 실려 있음.)

이에 徐操의 〈圖版〉에 실려 있는 것을 뽑아 원문을 싣고 원전을 찾아 그 내용을 정리한 것이다.

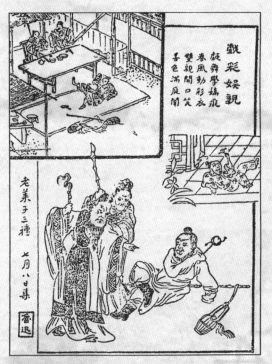

《이십사효》 일록
魯迅이 수집한 노래자 '戲彩娛親'의 그림들. 상:《百孝圖》
중:《二十四孝圖詩合刊》하:《百孝圖》

049(逸-1) 하지생빙夏池生冰 ·········· (元) 湯霖
여름날 못에서 얼음이 생겨난 탕림

탕림湯霖은 자가 백우伯雨이며 용흥龍興 신건新建 사람이다.

일찍이 아버지를 여의고 어머니를 지극한 효성으로 모셨다.

어머니가 병이 들어 심한 열이 나자 여러 번 의사를 바꾸어 치료를 해 보았으나 효과가 없는 것이었다. 어머니는 약을 마시기를 거부하며 이렇게 말하였다.

"오직 얼음을 구해오면 내 병은 나을 수 있을 것이다."

그 때는 날씨가 아주 더운 여름이라 탕림은 얼음을 구하고자 하였지만 구할 수가 없었다. 이에 며칠을 두고 못 가에서 울음을 터뜨렸다.

그런데 갑자기 못에서 알알하는 소리가 들리는 것이었다. 눈물을 닦고 이를 살펴보았더니 얼음이 갈라지는 소리였다. 탕림은 서둘러 얼음을 가지고 와서 어머니를 치료하였고, 어머니의 병은 과연 쾌유되었다.

湯霖, 字伯雨. 龍興新建人.

早喪父, 事母至孝.

母嘗病熱, 更數醫不能效.

母不肯飲藥, 曰:「惟得冰, 我疾可愈爾」

爾時天氣甚燠, 霖求冰不得, 累日號哭於池上.

湯霖 '夏池生冰'

忽聞池中憂憂有聲, 拭淚視之, 乃冰澌也, 亟取以親母, 其疾果愈.

【湯霖】 元나라 때 효자로써 《元史》에 전이 실려 있음.
【燠】 더위가 기승을 부림.
【憂憂】 '알알'로 읽으며 얼음 따위가 갈라지는 소리를 표현한 것.
【拭淚】 흐르는 눈물을 닦아냄.
【澌】 '시'로 읽으며 얼음이 갈라져 덩어리를 이루고 있는 상태를 말함.
【亟】 '급히, 서둘러'의 뜻.

1.《元史》(198) 孝友傳 湯霖

湯霖字伯雨, 龍興新建人. 早喪父, 事母至孝. 母嘗病熱, 更數醫不能效. 母不
肯飲藥, 曰:「惟得冰, 我疾乃可愈.」爾時天氣甚燠, 霖求冰不得, 累日號哭於
池上. 忽聞池中憂憂有聲, 拭淚視之, 乃冰澌也. 亟取以奉母, 其疾果愈.

050(逸-2) 효순야토孝馴野兔 ·········· (隋) 華秋·(後漢) 蔡邕
효성이 산토끼를
순치馴致시킨 화추와 채옹.

○ 수隋나라 때 화추華秋는 어머니를 지극한 효성을 모셨다.

어머니가 병이 들자 화추는 얼굴과 모습이 아주 초췌하였고 수염과 머리카락은 흐트러져 엉망이었다.

어머니가 돌아가시자 그는 빗질도 하지 않고 머리감는 것도 잊은 채 흙을 져 날라 무덤을 만들고는 무덤 곁에 움막을 짓고 묘를 지켰다.

당시 큰 사냥이 벌어졌는데 토끼 한 마리가 사람에게 쫓겨 달아나다가 화추의 움막으로 들어와서는 화추의 무릎 아래로 숨는 것이었다. 사냥꾼이 이를 보고 이상하게 여기며 결국 놓아주게 되었다.

이로부터 이 토끼는 항상 그의 움막 안에 자면서 그 주위에서 길들여지기 시작하였다.

군과 현에서는 그의 효성에 의한 감화를 가상히 여겨 나라에 이를 서류를 만들어 조정에 보고하였다.

뒤에 무리지은 도적들이 일어나 그의 움막 근처를 오가면서 서로 경계하여 이렇게 말하는 것이었다.

"효자가 사는 동네는 침범하지 말자!"

이렇게 하여 마을 사람들은 그의 덕을 입어 온전히 살아난 자가 심히 많았다.

○ 후한後漢의 채옹蔡邕은 독실한 효성을 지니고 있었다.

어머니가 돌아가시자 그는 무덤 곁에 움막을 짓고 수묘하면서 행동 하나 하나를 모두 예禮에 어긋남이 없게 하였다.

華秋·蔡邕 '孝馴野兔'

　그러자 토끼 한 마리가 그의 움막 곁에 나타나 길들여졌다. 이야기는
앞의 내용과 같다.(《백효도百孝圖》)

　○ 隋, 華秋, 事母至孝.
　母疾, 秋容顏毀悴, 鬚髮頓改.
　母亡, 絶櫛忘沐, 負土成墳, 廬于墓側.
　時大獵, 有一兔, 人逐之, 奔入秋廬中, 匿秋膝下, 獵人異
而兔之.

自爾, 此免常宿廬中, 馴其左右.

郡縣嘉其孝感, 以狀聞.

後群盜起, 往來廬之左右, 相誡曰:「勿犯孝子!」

鄉人賴全活者甚衆.

○ 後漢, 蔡邕, 性篤孝.

母卒, 廬于冢側, 動靜以禮.

有免馴擾其室, 傍事同.(《百孝圖》)

【隋】 나라 이름. 남북조를 마감한 통일제국(581~618년)으로 隋 文帝 楊堅이
北周를 이어 제위에 오른 다음 남조의 陳나라까지 멸하고 천하통일을
이룸. 뒤를 煬帝(楊廣)가 들어서 폭정을 일삼자 천하에 내란이 일어났으며
恭帝(楊侑)와 越王(楊侗)이 명맥을 유지하다가 이를 다시 李淵이 통일하여
唐나라를 건국함.

【華秋】 隋나라 때 효자로써 《北史》와 《隋書》에 전이 실려 있음.

【頓改】 머리카락 따위가 심히 흐트러진 상태.

【廬于墓側】 무덤 곁에 움막을 짓고 수묘(守墓)의 예를 다함.

【大獵】 《北史》와 《隋書》에 의하면 "隋大業初, 調虎皮, 郡縣大獵"이라 하여
隋 煬帝의 大業(605~617) 초, 천하의 狐皮를 조달하고자 군현마다 사냥
으로 떠들썩하였다 함.

【異而免之】 이상하게 여기며 이를 풀어줌.

【馴】 '순'으로 읽으며 야생의 동물이 사람에게 길들여짐을 말함.

【狀聞】 狀啓를 올려 조정에 보고함. '聞'은 '임금께 들려드리다'의 뜻.

【群盜】 수 양제 말에 천하에 대란이 일어나 혼란스러웠으며 결국 618년
수나라는 唐 高祖 李淵에게 망하고 말았음.

【全活者】 온전하게 살아 남은 자. 정사에는 '全者'로 되어 있음.

【蔡邕】자는 伯喈(132~192). 박학하고 文學에도 뛰어났었음. 漢나라 靈帝 때
楊賜 등과 六經의 문자를 확정하여 太學門 앞에 六經碑를 세움. 董卓에게
동조하여 中郞將이 되었으나 동탁이 패하자 그에 연좌되어 옥사함. 辭章과
音律, 書法 등에 모두 뛰어났으며 저술로 《獨斷》을 남김. 《後漢書》(60)에
전이 있음.

【冢】塚, 墳, 墓와 같음. 무덤.

【馴擾】길들여져서 잘 따름.

【傍事同】곁에 있는 사례(앞의 華秋의 고사)와 같음.

【百孝圖】효성에 관한 일화를 그림으로 그린 책. 구체적으로 알 수 없음.

참고 및 관련 자료

1. 《北史》(84) 孝行傳 華秋

華秋, 汲郡臨河人也. 幼喪父, 事母以孝聞. 家貧, 傭賃爲養. 其母患疾, 秋容貌
毀悴, 鬢鬚盡改. 母終, 遂絶櫛沐, 髮盡禿落. 廬於墓側, 負土成墳, 有人欲助之者,
秋輒拜而止之. 隋大業初, 調狐皮, 郡縣大獵. 有一免, 逐之, 奔入秋廬中, 匿秋
膝下. 獵人至廬所, 異而免之. 自爾, 此免常宿廬中, 馴其左右. 郡縣嘉其孝感,
具以狀聞. 降使勞問, 而表其門閭. 後群盜起, 常往來廬之左右, 咸相誡曰:「勿犯
孝子鄕!」 賴秋全者甚衆.

2. 《隋書》(72) 孝義傳 華秋

華秋, 汲郡臨河人也. 幼喪父, 事母以孝聞. 家貧, 傭賃爲養. 其母患疾, 秋容貌
毀悴, 鬚鬢頓改, 州里咸嗟異之. 及母終之後, 遂絶櫛沐, 髮盡禿落. 廬於墓側,

蔡邕(伯喈)《三才圖會》

負土成墳, 有人欲助之者, 秋輒拜而止之. 大業初,
調狐皮, 郡縣大獵. 有一免, 人逐之, 奔入秋廬中,
匿秋膝下. 獵人至廬所, 異而免之. 自爾, 此免常宿
廬中, 馴其左右. 郡縣嘉其孝感, 具以狀聞. 煬帝降
使勞問, 表其門閭. 後羣盜起, 常往來廬之左右,
咸相誡曰:「勿犯孝子!」 鄕人賴秋而全者甚衆.

3. 蔡邕의 고사는 《後漢書》(60 下) 蔡邕傳에는 전하지 않으며 《百孝圖》에서
인용하였다 함.

하늘을 공경하고
어머니께 효도를 다한 모용

《한서後漢書》에 실려 있는 모용茅容은 자가 계위季偉이다.

나이 마흔이 넘어 들에 나가 농사일을 하다가 나무 아래로 비를 피하게 되었다. 함께 비를 피하는 많은 사람들은 모두가 편한 자세로 앉아 있었으나 모용만은 홀로 오똑 앉아 더욱 공경스러운 태도를 지키는 것이었다.

곽림종이 이를 보고 기이히 여겼으며 이로 인해 그의 집에 머물러 하룻밤을 유숙하게 되었다.

이튿날 아침, 모용이 닭을 잡아 반찬을 마련하자 곽림종郭泰은 자기를 위해 그런 반찬을 마련하는 것으로 여겼다. 이윽고 반찬이 다 되자 모용은 이를 어머니께 갖다 드리고는 자신은 거친 채소의 반찬을 내놓으며 손님인 자신과 함께 식사를 하는 것이었다.

곽림종은 이렇게 말하였다.

"그대는 훌륭한 분이오! 그대에 비하면 나는 아직 멀었군요! 진실로 삼생三牲을 갖추어 손님에게 대접한 것과 같소. 그대가 이와 같으니 그대 같은 자가 바로 나의 친구라오."

《漢書》: 茅容, 字季偉.

年四十餘, 耕於野, 避雨樹下, 衆皆夷踞, 容獨危坐愈恭.

郭林宗見而異之, 因留寓宿.

茅容 '敬天孝母'

旦日, 容殺鷄爲饌, 泰意謂爲己設, 旣而供母, 自以草蔬與
客共飯.

林宗曰:「卿賢哉! 遠矣林宗! 猶誠三牲之具, 以供賓客,
而卿如此, 乃我友也」

【漢書】여기서는 范曄의《後漢書》를 가리킴.
【茅容】029 '鷄不供客'을 볼 것.
【耕】농사일을 함. '畊'으로도 표기함.

【避雨】비가 내려 급히 나무 아래에서 비를 피함. 이를 '邂雨'로 보았으나 이는 오기임.(徐操《二十四孝圖》)

【夷踞】다리를 쭉 펴고 흐트러진 자세로 편히 앉음. 예를 지키지 않음을 말함.

【危坐】오똑 앉음. 꼿꼿한 자세로 전혀 흐트러짐이 없음을 말함.

【愈恭】더욱 공경한 자세를 가짐.

【郭林宗】郭泰. 郭太. 029 '鷄不供客'을 볼 것.

【寓宿】그의 집에 손님이 되어 하룻밤을 보냄.

【泰意謂爲己設】태는 곽태, 즉 곽림종. '謂'는 '以爲'의 줄인 말. '爲己設'은 자신 곽태를 위해 마련하는 것이라 여김.

【草蔬】채소류. 거친 나물 음식.

郭泰(林宗)《三才圖會》

【遠矣林宗】'멀었다, 곽림종이여!'의 뜻으로 자신(곽림종)의 이름을 들어 모용에 비하면 아주 먼 차이가 있음을 말하여 자괴감을 표현한 것.

【猶誠】'진실로 ~함과 같다'의 뜻. '誠'을 '減'으로 보았으나 이는 오기임.(徐操《二十四孝圖》)

【三牲】소, 양, 돼지를 잡아 대접하는 큰 잔치나 공로를 치하하는 손님 접대.

【卿】그대. 상대를 높여 부르는 칭호.

참고 및 관련 자료

1. 본 장의 고사는 別錄 029(5)「鷄不供客」에 이미 실려 있으며 다만 서술 내용이 약간 다름.
2. 참고 사항 등 관련 자료는 029를 볼 것.

052(逸-4) 제영구부緹縈救父 ·········· (西漢) 緹縈
아버지를 구출해 낸 제영

한漢나라 문제文帝 때 제齊나라 태창령太倉令 순우의淳于意의 막내딸은 이름이 제영緹縈이었으며 순우의에게는 다섯 딸이 있었고 아들은 없었다.

그런데 순우의는 육형肉刑에 해당하는 죄를 지어 장안長安으로 끌려가 재판을 받게 되었다. 순우의는 떠나면서 딸들에게 이렇게 꾸짖었다.

"딸만 낳고 아들을 낳지 못하였으니 급한 일에 전혀 쓸모가 없구나!"

제영은 슬피 울면서 아버지를 따라 장안에 이르러 이렇게 글을 올렸다.

"저의 아버지는 관리로서 제나라 사람이면 누구나 청렴하고 분배가 공평하다고 칭찬을 하고 있으나 지금 연좌법에 걸려 형벌을 받게 되었습니다. 제가 염려하기로는 '형벌로 죽임을 당한 자는 다시 살아날 수 없으며, 형벌로 훼손당한 신체는 다시 붙일 수 없다'라는 것입니다. 비록 다시 개과천선하고 새롭게 다시 태어나겠다고 벼른들 그 길은 아예 없어지는 것입니다. 저는 원컨대 아버지 대신 죽임을 당하여 아버지의 죄를 대속함을 물론, 아버지로 하여금 다시 태어나게 해 드리고자 합니다."

문제는 그 뜻을 가련하게 여겨 육형을 폐지하도록 하였고, 아버지도 드디어 죄를 면하게 되었다.

漢文帝時, 齊太倉令淳于意少女名緹縈, 意有五女, 無子.
有罪當肉刑, 治繫長安, 意罵:「以生女不生男, 緩急非有益!」

緹縈 '緹縈救父'

緹縈悲泣, 隨之至長安, 上書曰: 「妾父爲吏, 齊中皆稱廉
平分, 坐法當刑. 妾念'死者不可復生, 刑者不可復屬', 雖復
改過自新, 其道無由. 妾願代死, 以贖父罪, 使得自新」
　帝憐其意, 除肉刑, 父遂得免.

【漢文帝】西漢의 제 3대 황제. 이름은 劉恒. 漢 高祖의 셋째 아들로 薄太后
에게서 태어남. 惠帝(劉盈)를 이어 제위에 오름. B.C.179~B.C.157년 재위함.
한나라 초기 文景之治를 이루어 제국의 기틀을 다짐.《史記》孝文帝本紀와
《漢書》文帝紀를 볼 것. 002〈親嘗湯藥〉을 참조할 것.

【齊】漢나라 때 두었던 王國. 諸侯國. 한나라 때는 郡國制를 실시하여 전국을
郡과 國으로 나누어 郡은 郡守를 중앙정부에서 任免하고 國은 劉氏 혈족을
세워 世襲하도록 하였음. 齊나라는 지금의 山東 淄博을 중심으로 세웠던
劉氏의 제후국.

【太倉令】太倉의 책임자. 太倉公이라고도 부름. 太倉은 왕국의 가장 큰 곡식
창고. 식량의 조적(糶糴)과 물가의 조절 등을 담당함.

【淳于意】淳于는 복성. 意는 이름. 漢 文帝 때 齊나라 태창령을 지냈던 인물로
청렴하였으나 연좌법에 연루되어 조정으로
끌려감.《史記》文帝紀 및 扁鵲倉公列傳 참조.

【少女】막내 딸. 순우의에게는 딸만 다섯이었으며
그 중 막내딸이 緹縈이었음.

【緹縈】孝義와 문제에게 肉刑 廢止를 올려 이를
성사시킨 일로 널리 알려진 순우의의 막내딸.

【肉刑】신체의 일부를 훼손하는 형벌. 이에 상대
되는 형벌로는 묵형 등으로 부끄러움을 느끼
도록 하는 상징적인 형벌, 즉 '象刑'이 있었음.
처음 고대 禹임금 때 이를 폐지하였다가 다시
실시되었으며 본장의 고사처럼 緹縈에 의해
한 문제 때 다시 한때 폐지되기도 하였음.

太倉公 淳于意의 딸 緹縈
《晩笑堂畫傳》

【意罹】순우의가 탄식하며 꾸짖음. '罹(리)'는 '꾸짖다, 나무라다'의 뜻.

【緩急】평소 편안한 시기나 급한 일이 있을 때. '그 어떤 변화가 있을 경우'
라는 뜻임.

【非有益】전혀 쓸모가 없음. 이익될 것이 전혀 아님.

【長安】지금의 陝西省 長安縣. 西漢의 수도.

【妾】고대 여자들이 자신을 낮추어 부를 때 쓰는 칭호.

【坐法】連坐法. 자신이 직접 저지른 잘못이 아니지만 함께 책임을 질 때 연루
되어 형벌을 받게 되는 법.

【不可復屬】신체의 일부를 훼손하는 형벌을 받게 된 다음에는 그 훼손된
신체 일부를 다시 온전히 붙여 복원할 수 없음.

【雖復改過自新】'復'자를 '無'로 보았으나 이는 오류임(徐操《二十四孝圖》).
다른 기록에 의해 '復'로 교정함.

【改過】잘못을 깨닫고 고침.

【自新】스스로 다시 새롭게 행동을 고쳐 훌륭한 사람이 됨.《世說新語》등에 '自新篇'이 있음.

【無由】말미암을 방법이 없음. 이미 죽거나 신체가 훼손된 다음에는 새로운 사람이 되고자 해도 전혀 그럴 수 없음.

참고 및 관련 자료

1. 이는 漢 文帝 때 太倉令 淳于意의 딸 순우제영(淳于緹縈)이 아버지의 억울한 죄를 풀어주기 위해 나선 고사로 특히 그의 상서에 의해 한 문제가 肉刑 제도를 폐지한 사건으로도 유명함.

2.《史記》孝文帝本紀

五月, 齊太倉令淳于公有罪當刑, 詔獄逮徙繫長安. 太倉公無男, 有女五人. 太倉公將行會逮, 罵其女曰:「生子不生男, 有緩急非有益也!」其少女緹縈自傷泣, 乃隨其父至長安, 上書曰:「妾父爲吏, 齊中皆稱其廉平, 今坐法當刑. 妾傷夫死者不可復生, 刑者不可復屬, 雖復欲改過自新, 其道無由也. 妾願沒入爲官婢, 贖父刑罪, 使得自新.」書奏天子, 天子憐悲其意, 乃下詔曰:「蓋聞有虞氏之時, 畫衣冠異章服以爲僇, 而民不犯. 何則? 至治也. 今法有肉刑三, 而姦不止, 其咎安在? 非乃朕德薄而教不明歟? 吾甚自愧. 故夫馴道不純而愚民陷焉. 詩曰'愷悌君子, 民之父母'. 今人有過, 教未施而刑加焉? 或欲改行爲善而道毋由也. 朕甚憐之. 夫刑至斷支體, 刻肌膚, 終身不息, 何其楚痛而不德也, 豈稱爲民父母之意哉! 其除肉刑.」

3.《列女傳》辯通 齊太倉女

齊太倉女者, 漢太倉令淳于公之少女也, 名緹縈. 淳于公無男, 有女五人. 孝文皇帝時, 淳于公有罪當刑, 是時, 肉刑尚在, 詔獄繫長安, 當行會逮, 公罵其女曰: 「生子不生男, 緩急非有益!」緹縈自悲泣, 而隨其父至長安, 上書曰:「妾父爲吏, 齊中皆稱廉平, 今坐法當刑, 妾傷夫死者不可復生, 刑者不可復屬, 雖欲改過自新, 其道無由也. 妾願入身爲官婢, 以贖父罪, 使得自新.」書奏, 天子憐悲其意, 乃下詔曰:「蓋聞有虞之時, 畫衣冠, 異章服以爲僇, 而民不犯, 何其至治也! 今法有肉刑五, 而姦不止, 其咎安在? 非朕德薄而教之不明歟? 吾甚自媿. 夫訓道不純, 而愚民陷焉. 詩云:『愷悌君子, 民之父母.』今人有過, 教未施而刑已加焉. 或欲

改行爲善, 而其道無繇, 朕甚憐之. 夫刑者, 至斷支體, 刻肌膚, 終身不息, 何其痛而不德也! 豈稱爲民父母之意哉? 其除肉刑!」自是之後, 鑿顚者髡, 抽脅者笞, 刖足者鉗. 淳于公遂得免焉. 君子謂:「緹縈一言發聖主之意, 可謂得事之宜矣.」詩云:『辭之懌矣, 民之莫矣.』此之謂也. 頌曰:『緹縈訟父, 亦孔有識. 推誠上書, 文雅甚備. 小女之言, 乃感聖意. 終除肉刑, 以免父事.』

4.《史記》扁鵲倉公列傳

文帝四年中, 人上書言意, 以刑罪當傳西之長安. 意有五女, 隨而泣. 意怒, 罵曰:「生子不生男, 緩急無可使者!」於是少女緹縈傷父之言, 乃隨父西. 上書曰:「妾父爲吏, 齊中稱其廉平, 今坐法當刑. 妾切痛死者不可復生而刑者不可復續, 雖欲改過自新, 其道莫由, 終不可得. 妾願入身爲官婢, 以贖父刑罪, 使得改行自新也.」書聞, 上悲其意, 此歲中亦除肉刑法.

5.《漢書》刑法志

(孝文)卽位十三年, 齊太倉令淳于公有罪當刑, 詔獄逮繫長安. 淳于公無男, 有五女, 當行會逮, 罵其女曰:「生子不生男, 緩急非有益!」其少女緹縈, 自傷悲泣, 乃隨其父至長安, 上書曰:「妾父爲吏, 齊中皆稱其廉平, 今坐法當刑. 妾傷夫死者不可復生, 刑者不可復屬, 雖後欲改過自新, 其道亡繇也. 妾願沒入爲官婢, 以贖父刑罪, 使得自新.」書奏天子, 天子憐悲其意, 遂下令曰:「制詔御史: 蓋聞有虞氏之時, 畫衣冠異章服以爲戮, 而民弗犯, 何治之至也! 今法有肉刑三, 而姦不止, 其咎安在? 非乃朕德之薄, 而教不明與! 吾甚自愧. 故夫訓道不純而愚民陷焉. 詩曰:『愷弟君子, 民之父母.』今人有過, 教未施而刑已加焉, 或欲改行爲善, 而道亡繇至, 朕甚憐之. 夫刑至斷支體, 刻肌膚, 終身不息, 何其刑之痛而不德也! 豈稱爲民父母之意哉? 其除肉刑, 有以易之; 及令罪人各以輕重, 不亡逃, 有年而免, 具爲令」……是後, 外有輕刑之名, 內實殺人. 斬右止者又當死. 斬左止者笞五百, 當劓者笞三百, 率多死.

6.《文選》(36) 永明九年策秀才文 注

班固歌詩曰: 三王德彌薄, 惟後用肉刑. 太倉令有罪, 就逮長安城. 自恨身無子, 困急獨煢煢. 小女痛父言, 死者不復生. 上書詣北闕, 闕下歌雞鳴. 憂心摧折裂. 晨風激揚聲. 聖漢孝文帝, 惻然感至誠. 百男何憒憒, 不如一緹縈!

7.《藝文類聚》(20)

淳于緹縈, 齊人淳于意, 五女無男. 坐事當刑, 緹縈最小, 涕泣隨父到長安. 上書曰:「妾父爲監, 齊中皆稱廉平, 今坐事當刑. 妾乞沒爲官婢, 以贖父罪.」文帝詔免意罪, 幷除肉刑.

8.《幼學瓊林》文帝本紀

漢文除肉刑, 仁昭法外; 周武分寶玉, 恩溢倫中.

9.《晚笑堂畫傳》

齊太倉女, 劉向《列女傳》頌曰:「緹縈訟父, 亦孔有識. 推誠上書, 文雅甚備. 小女之言, 乃感聖意. 終除肉刑, 以免父事」齊太倉女者, 漢太倉令淳于意之少女也. 名緹縈, 意無男有女五人. 文帝時, 意有罪當刑. 是時肉刑尚在, 詔獄繫長安. 當行會逮, 意罵其女曰:「生女不生男, 緩急非有益」緹縈自悲泣, 而隨其父至長安, 上書曰:「妾父為吏, 齊中皆稱廉平, 今坐法當刑. 妾傷夫'死者不可復生, 刑者不可復屬'. 雖欲改過自新, 其道無由也. 妾願入身為官婢, 以贖父罪, 使得自新」書奏, 天子憐悲其意, 乃下詔除肉刑, 意遂得免焉.

緹縈'上書救父'

053(逸-5) 자혈사경刺血寫經 ············ 〔宋〕 顧忻

살을 찔러 피로써 불경을 베낀 고흔

송宋나라 고흔顧忻은 태주泰州 태흥泰興 사람이다.

열 살에 아버지를 여의고 어머니는 병겨 눕자 그는 입맛을 돋우는 매운 맛 등은 입에도 대지 않은 채 10여 년을 어머니 병구완에 정성을 쏟았다.

그는 아침 닭이 울자마자 의관과 띠를 두른 단정한 옷차림을 하고 아내와 자식을 거느린 채 어머니가 계신 방으로 들어가 불편함이 없는지를 여쭈었다. 이렇게 하기를 50여 년, 그는 한 번도 어머니 곁을 떠나 본 적이 없었다.

어머니가 늙어 눈이 어두워 물건을 볼 수가 없게 되자 고흔은 밤낮 울부짖으며 자신의 몸을 찔러 피를 내어 그 피로써 불경佛經 몇 권을 베껴나갔다.

그러자 갑자기 어머니의 눈이 밝아져 등불 아래에서도 능히 바느질을 할 수 있을 정도였으며 90여 세가 되도록 다른 병이 없이 살다가 삶을 마쳤다.

宋, 顧忻, 泰州泰興人. 十歲, 喪父, 以母病, 葷辛不入口者 十載. 鷄初鳴, 具冠帶, 率妻子, 詣母之室, 問其所欲, 如是 五十年未嘗離母左右. 母老, 目不能睹物, 忻日夜號泣, 刺血 寫佛經數卷, 母目忽明, 燭下能縫紉, 九十餘無疾而終.

顧忻 '刺血寫經'

【顧忻】 송나라 때 효성으로 널리 알려진 인물.

【泰州】 지명. 지금의 江蘇省에 있음.

【葷辛】 葷菜와 매운 맛이 나는 음식재료. 음식 맛을 돋구기 위해 사용하는 좋은 식재료를 뜻함. 자신만 맛있는 음식을 먹는 것을 죄스럽게 여겼음을 말함.

【冠帶】 단정한 옷차림을 뜻함.

【詣】 '가다'의 뜻.

【刺血】 살을 찔러 피가 나오도록 함. '刺'는 '찌르다'의 경우 원음이 '척'이지만 속음대로 '자'로 읽음.

【燭下】 등불 아래. 등불 정도의 밝음에도 바느질을 할 수 있음.

【縫紉】 바느질. 《宋史》에는 '縫紝'으로 되어 있음.

1. 이는 송대 고흔(顧忻)이 어머니의 눈을 뜨게 하기 위하여 불경을 베끼면 기원한 고사를 말함.

2. 《宋史》(456) 孝義傳 顧忻

顧忻, 泰州泰興人. 十歲喪父, 以母病, 葷辛不入口者十載. 雞初鳴, 具冠帶率妻子詣母之室, 問其所欲, 如此五十年, 未嘗離母左右. 母老, 目不能覩物, 忻日夜號泣祈天, 刺血寫佛經數卷. 母目忽明, 燭下能縫紝, 九十餘無疾而終.

아버지를 대신하여 전쟁에 나간 화목란

"군복을 걸쳐 입은 모습 효도를 다할 자세이며,
안장을 얹으니 어찌 그가 남자인지 여자인지 구별하겠는가?
만약 남자라면 누가 그에게 필적할 자 있겠는가?
목란 그 이름에 그토록 아름다운 여인임에랴!"

「一著征袍見孝思, 上鞍何以別雄雌?
若作男兒誰與匹? 木蘭何況是蛾眉!」

【花木蘭】〈別錄〉038「代父從征」을 볼 것.
【著】'착'으로 읽으며 '옷 따위를 입다'의 뜻.
【上鞍】말에 안장을 얹음.
【雌雄】암수. 남녀. 이는 〈木蘭辭〉끝 구절
"雄免脚撲朔, 雌免眼迷離. 雙免傍地走, 安能
辨我是雄雌!"를 원용한 것임.
【征袍】군복.
【蛾眉】여인의 아름다운 눈썹. 나방처럼 곱게
굽은 모습의 눈썹을 표현한 것.

花木蘭 "替父從軍"

花木蘭 '木蘭從軍'

참고 및 관련 자료

1. 徐燕孫 본에 고사의 원문은 실려 있지 않으며 다만 〈木蘭辭〉를 주제로 七言絶句로 표현한 詩가 있을 뿐임. 이를 역자가 해석한 것임. 제목은 〈花木蘭從軍圖題句〉로 齊白石의 작품임.

2. 〈別錄〉 038「代父從征」의 내용 및 참고란을 참조하기 바람.

055(逸-7) 읍부경고泣父耕苦 ·········· (晉) 趙至

아버지의 힘든 농사일에
울음을 터뜨린 조지

조지趙至는 자가 경진景眞이며 대군代郡 사람이다.

낙양洛陽에 임시로 살고 있을 때 마침 구씨緱氏의 현령이 관직에 처음 부임하러 가는 행차가 있었는데, 조지는 그 때 열세 살로 어머니와 함께 이를 구경하였다.

어머니가 조지에게 이렇게 일러주었다.

"너의 선대는 본래 미천한 신분이 아니었단다. 세상의 난리를 만나 이렇게 떠돌다가 그만 일반 선비의 무리가 되었을 뿐이란다. 너는 뒤에 능히 저 구씨령과 같은 모습이 될 수 있겠지. 어머니?"

조지는 어머니의 말씀에 감동하여 스승을 찾아가 학업을 익히게 되었다.

그런데 마침 아버지가 농사를 지으며 소를 부리는 큰 소리를 듣자 책을 던지고는 울음을 터뜨리는 것이었다.

선생님이 괴이히 여겨 묻자 조지는 이렇게 대답하였다.

"나는 아직 어려 부모님을 영광스럽게 봉양하지 못하고 아버지로 하여금 저러한 고생을 면하게 해 드리지 못하고 있습니다."

선생님은 심히 기특하게 여겼다.

趙至字景眞, 代郡人也. 寓居洛陽. 緱氏令初到官, 至年十三, 與母同觀.

趙至(景眞)‘泣父耕苦’

母曰:「汝先世本非微賤, 世亂流離, 遂爲士伍耳. 爾後能
如此不?」

至感母言, 詣師受業.

聞父耕叱牛聲, 投書而泣. 師怪問之, 至曰:「我小未能
榮養, 使老父不免勤苦」

師甚異之.

【趙至】趙景眞. 〈別錄〉034「聞耕輟誦」을 볼 것.
【代郡】지명. 지금의 山西省 북부 일대.
【寓居】정착하지 못한 채 임시로 살고 있음.
【洛陽】지금의 河南省 洛陽市. 西晉 때의 수도.
【緱氏令】구씨(緱氏)는 현 이름. 슈은 현령.
【先世】선대. 앞선 선조들.
【士伍】선비의 대열. 아주 훌륭한 성공은 거두지 못한 일반 士庶의 무리.
【爾】인칭대명사로 '너', '汝, 你'와 같음.
【格】품격, 風格, 格律.
【不】'否'와 같음. 앞의 내용을 모두 뒤집어 반대의 뜻으로 물을 때 쓰는 말.
【榮養】부모님을 영화롭게 봉양함.

참고 및 관련 자료

1. 본 장은 徐燕孫 본에는 원문이 없어 역자가 《晉書》(92) 文苑傳 趙至의 記事 전반부 해당 부분을 전재하고 풀이한 것임.

2. 본 장은 〈別錄〉034「聞耕輟誦」의 내용임.

3. 徐操(燕孫)의 《二十四孝圖》에는 唐詩를 인용하여 華世奎의 題辭를 글씨로 싣고 있음. 그 題辭는 다음과 같음.

唐人詩, 喜以兩句道一事, 曾茶山詩中多用此體. 如〈又從江北路重到竹西亭〉: 「若無三日雨, 那得一年秋? 似知重九日, 故放兩三花.」又得淸新句, 如〈聞磬欬音〉: 「爲何萬家縣, 不見一枝梅?」此格亦甚省力也.

4. 앞에 든 문장은 〈趙至傳〉의 앞부분이며 후반부 주요 기록은 〈別錄〉034「聞耕輟誦」의 참고란을 볼 것.

임동석(茁浦 林東錫)

慶北 榮州 上茁에서 출생. 忠北 丹陽 德尙골에서 성장. 丹陽初中 졸업. 京東高 서울
教大 國際大 建國大 대학원 졸업. 雨田 辛鎬烈 선생에게 漢學 배움. 臺灣 國立臺灣師範
大學 國文研究所(大學院) 博士班 졸업. 中華民國 國家文學博士(1983). 建國大學校
教授. 文科大學長 역임. 成均館大 延世大 高麗大 外國語大 서울대 등 大學院 강의.
韓國中國言語學會 中國語文學研究會 韓國中語中文學會 會長 역임. 저서에《朝鮮
譯學考》(中文)《中國學術概論》《中韓對比語文論》. 편역서에《수레를 밀기 위해 내린
사람들》《栗谷先生詩文選》. 역서에《漢語音韻學講義》《廣開土王碑研究》《東北
民族源流》《龍鳳文化源流》《論語心得》〈漢語雙聲疊韻研究〉등 학술 논문 50여 편.

임동석중국사상100

이십사효二十四孝

郭守正·高月槎 輯錄 / 林東錫 譯註
1판 1쇄 발행/2012년 2월 20일
발행인 고정일
발행처 동서문화사
창업 1956. 12. 12. 등록 16-3799
서울강남구신사동563-10 ☎546-0331~6 (FAX)545-0331
www.dongsuhbook.com
잘못 만들어진 책은 바꾸어 드립니다.

✳

✳
사업자등록번호 211-87-75330
ISBN 978-89-497-0704-4 04080
ISBN 978-89-497-0542-2 (세트)